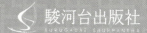

[新装版]

HIKARU
中国語力

矢野光治・劉 力・翠川信人 著

は じ め に

　本書での学習を通して、確実に中国語学習の基礎固めができるものと確信します。その最大の特色は、本書をマスターすれば「中国語検定試験第4級」を習得できることに尽きます。それゆえ、本書で使用の単語・フレーズ・センテンスは、ほぼ「中国語検定試験第4級」の内容に沿ったものです。全般的には、全体の分量を精選して極力スリム化してあります。また音読やリスニングによる学習を重視しました。併せてCDを大いに活用してください。

　本書の全体の構成や内容は、ほぼ以下の通りです。

　《中国語の発音ガイド》では、発音の基礎を習得しましょう。中国語学習の入門期や初級段階で一番重要なことは、先ず正しい発音を習得することです。中国語の発音は漢字単位で発音され、これを音節と言います。つまり中国語は、原則として一字一音節の言語です。その発音には、高低の変化をつける声調（四声）があり、母音の数が圧倒的に多い、日本語のように清濁で区別するのではなく、有気・無気で区別するなど中国語独特の発音方法があります。

　これら発音の特色をおさえながら、繰り返して練習することが中国語の発音習得の早道となります。また、漢字の発音記号であるピンインについては、巻末の《中国語音節表》の説明として、その仕組み、つづりの方法などの詳細全般を注記しておきました。発音学習上達のために活用してください。

　《本文》は、コミュニケーションで常用する表現に絞りました。

　《関連語句》は、例文や練習問題に対応するものですが、やはり検定試験で常用される語群です。

　《ポイント》は、初級段階の学習での最低限必要な文法事項です。勿論、検定試験クリアーを意識して挙げると同時に、文法事項の簡潔な説明の直後に「チェック」欄を設け、即、反復練習して表現力がすぐ身につくように配置をしました。

　《ドリル》は、学習したこと全般を確認する場です。問答の練習、CDを聞いてから内容を把握し、その内容に沿った問答など、リスニングを中心とした練習の繰り返しです。《ドリル》全般は、やはり検定試験第4級クリアーを強く意識したものです。

　本書の使用方法としては、セメスター或いは通年制の授業で進行することが可能です。

　最後に、本書によって学習者が、先ずは中国語の発音を正確に習得し、ヒアリング力をアップし、基礎的な語彙・文法事項をマスターしながら、最終的には、文単位での表現力をしっかり身につけることを祈念しつつ筆を擱きます。

2018年（平成30年）　3月

著　者

目　　次

中国語の発音ガイド

- **Ⅰ** 音節のしくみ …………………………………………………… 10
- **Ⅱ** 声調（四声・軽声）…………………………………………… 10
- **Ⅲ** 声調の変化（変調）…………………………………………… 11
  - 1．第三声の変調
    - ① 3声＋3声 → 2声＋3声
    - ② 3声＋1声・2声・4声・軽声
      - → 3声は低くおさえたままの調子（半三声）で発音する。
  - 2．'一・不'の変調
    - ① 一 yī（もとの声調の1声）＋1・2・3声
      - → 一 yì（4声に変調）＋1・2・3声
    - ② 一 yī（もとの声調の1声）＋4声 → 一 yí（2声に変調）＋4声
    - ③ 不 bù（もとの声調）＋4声 → 不 bú（2声に変調）＋4声
  - 3．軽声
    - 前の音に軽くそえて発音する。前の音の声調により、軽声の高さが異なる。
- **Ⅳ** 母音 …………………………………………………………… 12
  - 1．単母音
  - 2．複母音
  - 3．鼻音（〜n・〜ng）を伴う母音
  - 4．特別母音
- **Ⅴ** 子音 …………………………………………………………… 14
  - 1．無気音と有気音
  - 2．そり舌音
- **Ⅵ** 'ル'化音 ……………………………………………………… 16
- **Ⅶ** ［中国語音節表］見方 ……………………………………… 17

本文・単語・ポイント・ドリル

第一课　Dì yī kè ——————————— 20

[新出単語] [関連語句]

ポイント
1. 人称代名詞
2. '是'の文
   ①A是B／②A不是B／③A是B吗？
3. 疑問詞疑問文

ドリル

第二课　Dì èr kè ——————————— 24

[新出単語] [関連語句]

ポイント
1. 場所代名詞
2. 所有関係を示す'的'(構造助詞)
   【人称代名詞＋'的'＋所有物】
3. 動詞'有'の文
   ①存在を表す'有'
      【場所語＋'有'＋(数詞と量詞)＋存在物・人】
      【場所語＋'没有'＋存在物・人】
   ②所有を表す'有'
      【所有者＋'有'＋(数詞と量詞)＋所有物】
      【所有者＋'没有'＋所有物】

ドリル

第三课　Dì sān kè ——————————— 29

[新出単語] [関連語句]

ポイント
1. 動詞'在'の文
   【存在物・人＋'在'＋存在の場所】
   【存在物・人＋'不在'＋存在の場所】
2. '好像'の文
   【主語＋'好像'＋(不／没)＋動詞＋目的語】

ドリル

第四课　Dì sì kè ———— 34

新出単語　関連語句

ポイント

1. 【'不太'＋形容詞】（部分否定）
2. 【'太'＋形容詞＋'了'】
3. 形容詞述語文
   ① 肯定文【主語＋（副詞）＋形容詞】／② 否定文【主語＋'不'＋形容詞】／③ 疑問文

ドリル

第五课　Dì wǔ kè ———— 38

新出単語　関連語句　時間語（日・曜日）

ポイント

1. 時刻
2. 反復疑問文
   【主語＋動詞・形容詞＋不／没＋動詞・形容詞＋（目的語）】
3. 動詞述語文
   【主語＋動詞述語＋（目的語）】
   【主語＋'不'＋動詞述語＋（目的語）】
4. 介詞'在'のフレーズ（介詞構造）
   【主語＋'在'＋名詞＋動詞述語＋（目的語）】
   【主語＋'不在'＋名詞＋動詞述語＋（目的語）】

ドリル

第六课　Dì liù kè ———— 44

新出単語　関連語句

ポイント

1. 動詞の現在進行態
   【副詞'正・在・正在'＋動詞＋（目的語）＋（'呢'）】
   【'没（有）'＋動詞＋（目的語）】
2. 動作の完了態
   【主語＋動詞＋（目的語）＋'了'】
   【主語＋'没（有）'＋動詞＋（目的語）】
3. '来着'による動作の過去進行態
   【主語＋動詞＋（目的語）＋'来着'】
   【主語＋'没（有）'＋動詞＋（目的語）】

ドリル

第七课　Dì qī kè ———— 50

新出単語 **関連語句**

ポイント

1. 指示代名詞
2. '是～的'の文
   ①【主語＋'是／不是'＋時間語＋動詞＋'的'＋目的語】
   ②【主語＋'是／不是'＋場所語＋動詞＋'的'＋目的語】
   ③【主語＋'是／不是'＋方法・手段＋動詞＋'的'（目的語）】
3. 又～又～（並列関係）
4. 動詞の重ね型〈ちょっと～する〉
   ① 単音節の動詞／② 複音節の動詞／③ 離合動詞〔動詞＋目的語〕
5. 連動文
   【主語＋動詞¹＋（目的語）＋動詞²＋（目的語）・・・】

ドリル

第八课　Dì bā kè ———— 56

新出単語 **関連語句**

ポイント

1. 時量語
2. 時量補語（時量：時間の長さ）
   ①【主語＋動詞＋（'了'）＋時量補語＋（目的語）】
   ②【主語＋（動詞）＋目的語＋動詞＋（'了'）時量補語】
   ③【主語＋動詞＋（'了'）＋目的語〈人の場合〉＋時量補語】
3. 介詞'离'のフレーズ（介詞構造）
   ①【主語＋'离'＋場所名詞＋'远・近'】
   ②【主語＋'离'＋場所名詞・動詞フレーズ＋'有'＋数量詞】
4. 介詞'从'のフレーズ（介詞構造）
   【主語＋'从'＋場所・時間名詞＋動詞＋（目的語）】
5. 介詞'到'のフレーズ（介詞構造）
   【主語＋'到'＋場所＋'来・去'】

ドリル

第九课　Dì jiǔ kè　　　　　　62

新出単語　**関連語句**

ポイント
1. 能願動詞'会'の用法
2. 能願動詞'能'の用法
3. 接続詞'不但～，而且～'
4. '除了～以外，还～'
5. 動詞'喜欢'の用法
   ① 目的語が名詞／② 目的語が動詞フレーズ／③ '喜欢'の反復疑問文

ドリル

第十课　Dì shí kè　　　　　　68

新出単語　**関連語句**

ポイント
1. 能願動詞'打算'の用法
2. 能願動詞'得'の用法
3. 能願動詞'想'の用法
4. 仮定表現　【'如果'～'的话'】

ドリル

第十一课　Dì shíyī kè　　　　　　73

新出単語　**関連語句**

ポイント
1. 様態補語
   ①【動詞・形容詞＋'得'＋様態補語】
   ②【主語＋（動詞）＋目的語＋動詞＋'得'＋様態補語】
2. 比較の文
   ①【A（主語）＋'比'＋B（比較の対象）＋形容詞】
   ②【A（主語）＋'比'＋B（比較の対象）＋形容詞＋'～多了'】
   ③【A（主語）＋'比'＋B（比較の対象）＋形容詞＋分量補語】
   ④【A（主語）＋'没有'＋B（比較の対象）＋形容詞】
3. 介詞'把'の文
   【主語＋'把'＋目的語＋動詞＋動詞につく付加成分】

4 動態助詞'过'の文　　（経験態）
【動詞＋'过'＋（目的語）】
【'没'＋動詞＋'过'＋（目的語）】

ドリル

第十二课　Dì shí'èr kè ——————————— 79

新出単語　関連語句

ポイント

1 動量詞（動量補語）の文
①【主語＋（修飾語・助動詞）＋動詞＋（'了'／'过'）＋動量補語＋目的語】
②【主語＋（修飾語・助動詞）＋動詞＋（'了'／'过'）＋目的語（人）＋動量補語】
2 名量詞（名量補語）の文
【主語＋動詞＋（'了'／'过'）＋名量補語＋目的語】
3 使役表現　　使役動詞'让'の用法
【A（主語）＋'让'＋B（人）＋動詞＋目的語】
【A（主語）＋'不让'＋B（人）＋動詞＋目的語】
【A（主語）＋'没让'＋B（人）＋動詞＋目的語】
4 '快～了'の文　　（将然態）
【主語＋'快'＋動詞＋'了'＋（目的語）】

ドリル

語彙リスト（ピンインから調べる） ——————————— 84
語彙リスト（日本語から調べる） ——————————— 93

中国語の発音ガイド

Ⅰ 音節のしくみ

一つの漢字を発音するために、原則として一つの音節と声調（四声・軽声）とを用いる。音節とは音の最小単位である。一音節は、母音だけのものと、子音＋母音で構成するものとがある。その中には必ず主母音が一つ含まれており、発音の際にはこれを中心にしてはっきりと発音する。従って、声調符号もこの主母音の上に付けるしくみとなっている。

音節（字）	子音（声母）	母音（韻母）			声調	意味
		介音	主母音	尾音		
wǒ（我）			(w)o		ˇ	私
nǐ（你）	n		i		ˇ	あなた
hǎo（好）	h		a	o	ˇ	よい
zài（再）	z		a	i	ˋ	また
jiàn（见）	j	i	a	n	ˋ	会う

Ⅱ 声調（四声・軽声）

第一声	第二声	第三声	第四声	軽声
‐	／	ˇ	＼	（声調符号）
高く平らに	急激に上昇する	低く抑えてから上げる	急激に下降する	前の音にそえる
mā（妈）	má（麻）	mǎ（马）	mà（骂）	ma（吗）
〈お母さん〉	〈麻、しびれる〉	〈馬〉	〈ののしる〉	〈疑問を表す〉

練習 1

wō	wó	wǒ（我）	wò
nī	ní	nǐ（你）	nì
hāo	háo	hǎo（好）	hào
zāi	zái	zǎi	zài（再）
jiān	jián	jiǎn	jiàn（见）

你好！ Nǐ hǎo!〈こんにちは〉　　再见！ Zàijiàn!〈さようなら〉

Ⅲ 声調の変化（変調）

1．第三声の変調

① 3声＋3声　→　2声＋3声

nǐ hǎo　→　ní hǎo　　你好

hěn hǎo　→　hén hǎo　　很好〈とてもよい〉

jǐ diǎn　→　jí diǎn　　几点〈何時〉

② 3声＋1声・2声・4声・軽声

→　3声は低くおさえたままの調子（半三声）で発音する。

　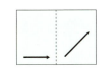　　

老师 lǎoshī〈先生〉　美国 Měiguó〈アメリカ〉　可乐 kělè〈コーラ〉　你们 nǐmen〈あなたたち〉

2．'一・不'の変調

① 一 yī（もとの声調の1声）＋1・2・3声　→　一 yì（4声に変調）＋1・2・3声

yī qiān　→　yì qiān　　一千〈1000〉

yī nián　→　yì nián　　一年〈1年〉

yī bǎi　→　yì bǎi　　一百〈100〉

② 一 yī（もとの声調の1声）＋4声　→　一 yí（2声に変調）＋4声

yī wàn　→　yí wàn　　一万〈10000〉

③ 不 bù（もとの声調の4声）＋4声　→　不 bú（2声に変調）＋4声

bù xiè　→　bú xiè　　不谢〈どういたしまして〉

bù dà　→　bú dà　　不大〈大きくない〉

bù duì　→　bú duì　　不对〈違います〉

3．軽声

前の音に軽くそえて発音する。前の音の声調により、軽声の高さが異なる。

妈妈 māma　　爷爷 yéye　　奶奶 nǎinai　　爸爸 bàba
〈お母さん〉　〈おじいさん〉　〈おばあさん〉　〈お父さん〉

哥哥 gēge　　孩子 háizi　　姐姐 jiějie　　谢谢 xièxie
〈兄〉　〈子供〉　〈お姉さん〉　〈ありがとう〉

Ⅳ 母音

1. 単母音

- a　　：日本語の「ア」より口を大きく開いて発音。
- o　　：日本語の「オ」より唇を丸くすぼめて発音。
- e　　：日本語の「エ」の口の形をして、のどの奥から「オ」を発音。
- i (yi)：日本語の「イ」よりも唇を左右に引いて発音。
- u (wu)：日本語の「ウ」よりも唇を丸くとがらせて発音。
- ü (yu)：日本語の「ユ」の口の形をして「イ」と発音。
- er　 ：口を大きく開けずに「ア」を発音しながら、舌の先をそり上げて「ル」をそえる。

📝（　）内は前に子音がつかない、母音だけで発音する場合の表記。以下同じ。

練習 2

		ā	á	ǎ	à
		ō	ó	ǒ	ò
		ē	é	ě	è
i	→	yī	yí	yǐ	yì
u	→	wū	wú	wǔ	wù
ü	→	yū	yú	yǔ	yù
		ēr	ér	ěr	èr

阿姨 āyí〈おばさん〉　　饿 è〈空腹である〉　　鱼 yú〈魚〉　　一 yī　　二 èr　　五 wǔ

2. 複母音

ai	ei	ao	ou	【主母音＋尾音】
ia (ya)	ie (ye)	iao (yao)	iou (you)	【介音 i の複母音】
ua (wa)	uo (wo)	uai (wai)	uei (wei)	【介音 u の複母音】
üe (yue)				【介音 ü の複母音】

📝 複母音は主母音の位置によって、次の三つのグループに分けることができる。

【前アクセント型】（前の母音を中心に発音）

    āi   ēi   āo   ōu

【後アクセント型】（後の母音を中心に発音）

    ia (yā)   ie (yē)   ua (wā)   uo (wō)   üe (yuē)

【中アクセント型】（真ん中の母音を中心に発音）

    iao (yāo)   iou (yōu)   uai (wāi)   uei (wēi)

📝 iou と uei は子音と結びつく場合は、主母音の o や e が聞こえなくなり、liou → liu、suei → sui のように o や e を省略してつづる。

練習3

āi   éi   ǎo   òu

ia → yā   ie → yé   ua → wǎ   uo → wò   üe → yuē

iao → yāo   iou → yóu   uai → wǎi   uei → wèi

爱 ài〈可愛がる〉   熬药 áo yào〈薬を煎じる〉   藕 ǒu〈レンコン〉

我 wǒ〈私〉   外币 wàibì〈外貨〉   悲哀 bēi'āi〈悲しい〉

留学 liúxué〈留学する〉   几岁 jǐ suì〈何歳〉   月票 yuèpiào〈定期券〉

3. 鼻音（～n・～ng）を伴う母音

～n：母音の発音の後に、舌先を舌の歯ぐきにぴったりつけて息を鼻に通しながら「ン」と発音する。「アンナイ」の「ン」発音に近い。

～ng：母音の発音の後に、舌先下げたままで、舌のつけ根を持ち上げ、息を鼻から強く抜きながら「ン」と発音する。「アンガイ」の「ン」の発音に近い。

an   en   ang   eng   ong

ian (yan)   in (yin)   iang (yang)   ing (ying)   iong (yong)

uan (wan)   uen (wen)   uang (wang)   ueng (weng)

📝 uen の前に子音がつく場合、luen → lun、ceun → cun のように e を省略してつづる。

üan (yuan)   ün (yun)

練習4

fàn（饭）— fàng（放）　　fēn（分）— fēng（风）　　děng（等）— dǒng（懂）
téng（疼）— tòng（痛）　　xiān（先）— xiāng（香）　　xìn（信）— xìng（姓）
音乐 yīnyuè〈音楽〉　　　　英语 Yīngyǔ〈英語〉
wàn（万）— wàng（忘）　　愿望 yuànwàng〈願望・願い〉

4．特別母音

-i
[ɿ][ʅ]

子音 zh・ch・sh・r のあとの i [ʅ] は舌をそらせたまま'イ'と発音し、z・c・s のあとの i [ɿ] は口を横にひいて'ウ'と発音する。これらの i は、単母音の i [i] とは異なる。

V 子音

	破裂音		鼻音	破擦音		摩擦音		側面音
	無気	有気		無気	有気	無声	有声	
唇　　音	b (o)	p (o)	m (o)			f (o)		
舌尖音	d (e)	t (e)	n (e)					l (e)
舌根音	g (e)	k (e)				h (e)		
舌面音				j (i)	q (i)	x (i)		
そり舌音				zh (i)	ch (i)	sh (i)	r (i)	
舌歯音				z (i)	c (i)	s (i)		

（ ）内は各子音を発音するときの代表的な母音。

1．無気音と有気音

無気音
bo

破裂を弱くし、息をおさえて発音する。例えば bo ならば、「しっぽ」の"ぽ"を発音する要領で。b・d・g・j・zh・z が無気音。

有気音
po

破裂を強くし、息を強く出して発音する。例えば po ならば、「ポテト」の"ポ"を発音する要領で。p・t・k・q・ch・c が有気音。

◀練習 5 ▶

bo — po　　ba — pa　　de — te　　da — ta　　ge — ke　　gu — ku
ji — qi　　ju — qu　　zhi — chi　　zha — cha　　zi — ci　　zu — cu
ji — zhi — zi　　　qi — chi — ci　　　xi — shi — si　　　li — ri
dú shū（读书）〈読書する〉—　túshūguǎn（图书馆）〈図書館〉
zìdiǎn（字典）〈字引き〉—　cídiǎn（词典）〈辞典〉

2．そり舌音

　　zh［tʂ］　ch［tʂʻ］

　　　　　　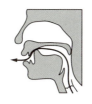

①　準備　　　　　②　息をたくわえる　　　③　発音 { 無気音　zh
　　　　　　　　　　　　　　　　　　　　　　　　　 有気音　ch

舌先を上あごにしっかり当てて調音する。息をおさえて発音すれば zh になり、息を勢いよく出しながら発音すれば ch になる。

　　sh［ʂ］　　　　　　　　　　　　　r［ʐ］

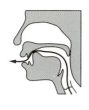　zh と同部位だが、舌先と硬口蓋前部の間から息を摩擦させて発音する。　　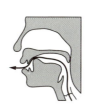　sh と同じ要領だが、声帯を振動させて発音する。

◀練習 6 ▶

rènzhēn（认真）〈まじめな〉　　　　Rì Zhōng（日中）〈日中〉
shǒuzhǐ（手纸）〈トイレットペーパー〉　　shīrén（诗人）〈詩人〉

VI '儿'化音

'儿 er'を接尾詞として用いる場合には、前の音節にeを省略してrだけを続けてつづる。一つの音節として一気に発音する。

花儿 huār〈花〉　　　　歌儿 gēr〈歌〉
小孩儿 xiǎoháir〈子供〉　一块儿 yíkuàir〈一緒に〉　【r前のiを発音しない】
玩儿 wánr〈遊ぶ〉　　　一点儿 yìdiǎnr〈少し〉　　【r前のnを発音しない】
空儿 kòngr〈暇〉　　　　电影儿 diànyǐngr〈映画〉　【r前のngを発音しない】

◀練習7▶

一 yī　　二 èr　　三 sān　　四 sì　　五 wǔ　　六 liù　　七 qī　　八 bā　　九 jiǔ　　十 shí

一月 yī yuè　　　二月 èr yuè　　　三月 sān yuè　　四月 sì yuè　　五月 wǔ yuè
六月 liù yuè　　　七月 qī yuè　　　八月 bā yuè　　　九月 jiǔ yuè　　十月 shí yuè
十一月 shíyī yuè　十二月 shí'èr yuè

一号 yī hào〈1日〉　二号 èr hào　　　三号 sān hào　　四号 sì hào　　五号 wǔ hào
六号 liù hào　　　七号 qī hào　　　八号 bā hào　　　九号 jiǔ hào　　十号 shí hào
十一号 shíyī hào　二十五号 èrshiwǔ hào　　　　　三十号 sānshí hào

a・o・eで始まる音節が他の音節の後に続く場合は、その間に隔音符号（'）を用いて、はっきりと区別をつける。例えば、liàn'ài（**恋爱**）Tiān'ānmén（**天安门**）など。

Ⅷ 【中国語音節表】見方

音節のしくみ

- 【音節表】にある一マスのピンインを音節（一音節）といい、原則としてこれに声調（四声）をかぶせて、漢字一文字を発音するのに使用する。
- 音節の総数は400余種、実際に声調をかぶせて一文字をよむ音節の使用合計数は、約1300種となる。
- 音節には、母音だけで構成されるものと子音＋母音で構成されるものとがある。つまり、母音は単独で文字を読んだり、子音と結びついて音声を構成して文字を読むことができるということである。
- 母音だけで構成されるものには、一つの母音だけのもの、母音＋他の母音の合成のもの、音尾に〜n・〜ngが付くなどに細分され、多種多様である。
- 母音はその発音の口形から、①開口母音（ピンインの始まりがa-・o-・e-）、②斉歯母音（頭出しがi-)、③合口母音（始まりがu-)、④撮口母音（頭出しがü-)の四つのグループに細分される。
- 子音、ここでいう子音とは（語）頭子音のことで合計21個あるが、発音場所によって六つのグループに分けられる。詳細は文中の【子音】(P.14)を参照。

ピンインのつづり方

母音だけの場合

　　【音節表】太字部分の元の母音のピンイン表記に対して、緑色の【ゼロ声母】のピンインが母音が実際に単独で使用されたときの表記となっている。太字と緑色のピンインを比較対照すれば、表記の仕方の（無）変化が分かる。

　　①開口母音（ピンインの始まりがa-・o-・e-)は、元の母音のままつづって変化がない。
　　②斉歯母音（頭出しがi-)は、元の母音を変えてすべてy-で書き出しをする。
　　　　・i・in・ingの三つは、yを前に付けてyi・yin・yingとつづる。
　　　　・その他は、iをyに置き換えて書きだす。
　　　　　　ia→ya　　ie→ye　　ian→yan　　iong→yong
　　③合口母音（始まりがu-)は、元の母音を変えてすべてw-で書き出しをする。
　　　　・uだけは前にwを付けてwuとつづる。
　　　　・その他は、uをwに置き換えて書きだす。
　　　　　　ua→wa　　uo→wo　　uan→wan　　ueng→weng
　　④撮口母音（頭出しがü-)は、音節が四つしかないが、元の母音にyを加え（¨）を省略してつづる。

ü → yu　　üe → yue　　üan → yuan　　ün → yun

母音が子音と結びついた場合

・元の母音 iou・uei・uen が子音と結びつくとそれぞれ真中の o・e を消してつづる。

　　　　d + iou → diu　　g + uei → gui　　z + uen → zun

・撮口母音（頭出しが ü-）が子音舌面音（j・q・x）と結びつく場合には（¨）を省略してつづる。

　　　　j + ü → ju　　q + üe → que　　x + üan → xuan　　j + ün → jun

・ü の（¨）を付す場合は、子音 n と l と結びつくときだけである。

　　　　n + ü → nü　　l + ü → lü

注意すべきピンインのつづり

(¨) が省略された u

　　ü → yu　ju　qu　xu　　　　　　　　　　〈唇をすぼめた"イ"〉
　　　　nü　lü

　　u → wu　zu　cu　su　　　　　　　　　　〈唇をまるくした"ウ"〉

三つの i

　　i〔i〕→ yi　ji　qi　xi　　　　　　　　　　〈明晰な"イ"〉
　　-i〔ʅ〕→ zhi　chi　shi　ri　　　　　　　　〈巻き舌でこもった"イ"〉
　　-i〔ɿ〕→ zi　ci　si　　　　　　　　　　　〈口を左右に引いた"ウ"〉

i (y) と n の間の a

　　yan　　jian　　xian　　　　　　　　　　〈"エ"と発音〉
　　yang　　jiang　　xiang　　　　　　　　　〈"ア"と発音〉

(1) 母音が一つだけの場合は、その上につける。　　　　→ bō　sū
(2) 複母音の場合には、
　　① a の上に、　　　　　　　　　　　　　　　　　→ māo　huàn
　　② a がなければ e か o の上に、　　　　　　　　　→ xué　zǒu
　　③ -iu・-ui は後の上につける。　　　　　　　　　→ liù　guì
(3) i の上に符号をつける場合は、点を取って yī・dí・nǐ・xì のようにつける。

本文・単語・ポイント・ドリル

第一课 ‹ Dì yī kè ›

A: 你好！你是 中国人 吗？
　　Nǐ hǎo! Nǐ shì Zhōngguórén ma?

B: 是的。你是哪国人？
　　Shìde. Nǐ shì nǎ guó rén?

A: 我 是 日本人。
　　Wǒ shì Rìběnrén.

B: 你 叫 什么 名字？
　　Nǐ jiào shénme míngzì?

A: 我 姓 大岛，叫 大岛 翔太。
　　Wǒ xìng Dàdǎo, jiào Dàdǎo Xiángtài.

B: 我 姓 孙，叫 孙 晓明。请 多 关照。
　　Wǒ xìng Sūn, jiào Sūn Xiǎomíng. Qǐng duō guānzhào.

A: 请 多 关照。
　　Qǐng duō guānzhào.

新出単語

你好 nǐ hǎo	こんにちは	叫 jiào	動 姓名は〜である
你 nǐ	代 あなた	什么 shénme	疑代 なに、なんの
是 shì	動 〜である、はい（肯定の返事）	名字 míngzì	名 名前
		姓 xìng	動 姓は〜である
中国人 Zhōngguórén	中国人	大岛 翔太 Dàdǎo Xiángtài	大島 翔太
吗 ma	語助 〜か		
是的 shìde	はい、そうです	孙 晓明 Sūn Xiǎomíng	孫 晓明
哪国人 nǎ guó rén	どの国の人		
我 wǒ	代 私	请多关照 qǐng duō guānzhào	どうぞよろしく
日本人 Rìběnrén	日本人		

関連語句

不 bù	～ない、動詞や形容詞の前に置かれ、意志・習慣の否定などを表す。元々第4声だが、すぐ後に第4声の字がくると'不'は第2声に変調する。いいえ（否定の返事）	学生 xuésheng	学生
		留学生 liúxuéshēng	留学生
		老师 lǎoshī	先生
		韩国人 Hánguórén	韓国人
		越南人 Yuènánrén	ベトナム人
		美国人 Měiguórén	アメリカ人
		英国人 Yīngguórén	イギリス人
		法国人 Fǎguórén	フランス人

1 人称代名詞

我 wǒ	私	我们 wǒmen	私たち
你 nǐ	あなた	你们 nǐmen	あなたたち
您 nín	あなた（敬称）		
他 tā	彼	他们 tāmen	彼ら
她 tā	彼女	她们 tāmen	彼女たち
它 tā	それ（人間以外の事物）	它们 tāmen	それら
咱们 zánmen	私たち（相手を含む）		
谁 shuí(shéi)	だれ		

2 '是'の文

① A 是 B 〈A は B です〉

他们是中国人。　　Tāmen shì Zhōngguórén.

Check 1

- 彼女はアメリカ人です。

---

② A 不是 B 〈A は B ではありません〉

我不是留学生。　　Wǒ bú shì liúxuéshēng.

◀Check 2▶

- 彼は韓国人ではありません。
  _____

③ A 是 B 吗？　〈A は B ですか〉

请问，您是老师吗？　　Qǐngwèn, nín shì lǎoshī ma?　　　　　　（请问：お尋ねします）
　→是的，我是老师。　　Shìde, wǒ shì lǎoshī.
　→不，我不是老师。　　Bù, wǒ bú shì lǎoshī.

◀Check 3▶

- あなたは学生ですか。
  _____

- はい、私は学生です。
  _____

- いいえ、私は学生ではありません。
  _____

3 疑問詞疑問文

她是哪国人？　　Tā shì nǎ guó rén?
你叫什么名字？　Nǐ jiào shénme míngzì?

◀Check 4▶

- あなたたちはどこの国の人ですか。
  _____

- 彼の名前は何と言いますか。
  _____

ドリル

I 次の会話を完成させなさい。

A： 他是日本人吗？　Tā shì Rìběnrén ma?

B： 是的，_____

A： 你们是英国人吗？　Nǐmen shì Yīngguórén ma?

B： 不，_____

A： _____

B： 是的，她是老师。　Shìde, tā shì lǎoshī.

A： _____

B： 不，她们不是学生。　Bù, tāmen bú shì xuésheng.

II 先ずCDを聞いて書き取り、さらにその文例を使って自己紹介をしなさい。

_____
_____
_____
_____
_____

第二课 ‹ Dì èr kè ›

A：附近 有 便利店 吗？
　　Fùjìn yǒu biànlìdiàn ma?

B：校门口 的 对面 有 一 家。
　　Xiàoménkǒu de duìmiàn yǒu yì jiā.

A：有 邮局 吗？
　　Yǒu yóujú ma?

B：附近 没 有 邮局。
　　Fùjìn méi yǒu yóujú.

A：你 有 电脑 吗？
　　Nǐ yǒu diànnǎo ma?

B：我 没 有 电脑，我 爸爸 有 一 台。
　　Wǒ méi yǒu diànnǎo, wǒ bàba yǒu yì tái.

 新出単語

附近 fùjìn	名 付近、近く	邮局 yóujú	名 郵便局
有 yǒu	動 ～がある、いる、～を持っている	没 méi	副（'有'などを否定して）～がない、～を持っていない、～していない
便利店 biànlìdiàn	名 コンビニ		
校门口 xiàoménkǒu	学校の出入口	电脑 diànnǎo	名 パソコン
的 de	構助 ～の	爸爸 bàba	名 お父さん
对面 duìmiàn	名 向い側	台 tái	量 ～台
家 jiā	量 ～軒、社		

関連語句

银行 yínháng	銀行	食堂 shítáng	食堂
餐厅 cāntīng	レストラン	房间 fángjiān	部屋
超市 chāoshì	スーパー	人 rén	人、だれか
图书馆 túshūguǎn	図書館	一块 yí kuài	1つ（塊状、片状のもの）、1元
一支 yì zhī	1本（の）		
圆珠笔 yuánzhūbǐ	ボールペン	橡皮 xiàngpí	消しゴム
铅笔 qiānbǐ	鉛筆	两 liǎng	2（量詞に前置）
教务科 jiàowùkē	教務課	手机 shǒujī	携帯電話

ポイント

1 場所代名詞

这儿 zhèr　这里 zhèli	那儿 nàr　那里 nàli	哪儿 nǎr　哪里 nǎli
ここ	そこ・あそこ	どこ

2 所有関係を示す '的'（構造助詞）

【人称代名詞＋'的'＋所有物】

我的铅笔　wǒ de qiānbǐ 〈私の鉛筆〉

你的手机　nǐ de shǒujī 〈あなたの携帯〉

他的电脑　tā de diànnǎo 〈彼のパソコン〉

親族や所属関係を示す場合には、'的'を省略して表現。

我爸爸　wǒ bàba〈私の父〉　　你们老师　nǐmen lǎoshī〈あなたたちの先生〉

我们大学　wǒmen dàxué〈私たちの大学〉　她家　tā jiā〈彼女の家〉

3 動詞 '有' の文

① 存在を表す '有'

【場所語＋'有'＋（数詞と量詞）＋存在物・人】〈～には～がある・いる〉

【場所語＋'没有'＋存在物・人】　　〈～には～がない・いない〉

学校附近有餐厅吗？　　Xuéxiào fùjìn yǒu cāntīng ma?

有，学校附近有两家餐厅。　　Yǒu, xuéxiào fùjìn yǒu liǎng jiā cāntīng.

没有，学校附近没有餐厅。　　Méi yǒu, xuéxiào fùjìn méi yǒu cāntīng.

・疑問文や否定文には、一般に数詞と量詞（助数詞）を用いない。
・〈はい・いいえ〉と応答するときには、疑問文で使った動詞を使うのが一般的である。

Check 1

- あそこには銀行がありますか。

- はい、あそこには銀行があります。

- いいえ、あそこには銀行がありません。

Check 2

- 教室里有人吗？　　Jiàoshì li yǒu rén ma?

- → 有人。　Yǒu rén.　　→ 没有人。　Méi yǒu rén.

- 部屋にはだれかいますか。

Check 3

- 哪里有银行？　　Nǎli yǒu yínháng?

- 那里有一家。　　Nàli yǒu yì jiā.

- どこにコンビニがありますか。

- 学校の近くに1軒あります。

②所有を表す'有'

【所有者＋'有'＋（数詞と量詞）＋所有物】　〈～が～を持っている〉

【所有者＋'没有'＋所有物】　　　　　　　〈～が～を持っていない〉

你有手机吗？　　Nǐ yǒu shǒujī ma?

有，我有一个手机。　　Yǒu, wǒ yǒu yí ge shǒujī.

没有，我没有手机。　　Méi yǒu, wǒ méi yǒu shǒujī.

谁有电脑？　　Shuí yǒu diànnǎo?

・疑問文や否定文には、一般に数詞と量詞（助数詞）を用いない。
・〈はい・いいえ〉と応答するときには、疑問文で使った動詞を使うのが一般的である。

◀ C_heck **4** ▶

- あなたはボールペンを持っていますか。

- はい、私はボールペンを２本持っています。

- いいえ、私はボールペンを持っていません。

- だれか消しゴムを持っていますか。

I 次の質問に答えなさい。

1) 你家附近有超市吗？　Nǐ jiā fùjìn yǒu chāoshì ma?

2) 你们大学附近有便利店吗？　Nǐmen dàxué fùjìn yǒu biànlìdiàn ma?

3) 你有铅笔吗？　Nǐ yǒu qiānbǐ ma?

II 先ずＣＤの文例を書き取り、以下の問に答えなさい。

1) 大岛是哪个大学的学生？　Dàdǎo shì nǎge dàxué de xuésheng?

2) 他们大学附近有几家餐厅？　Tāmen dàxué fùjìn yǒu jǐ jiā cāntīng?

（几家　jǐ jiā：何軒）

3) 他们大学附近有超市吗？　Tāmen dàxué fùjìn yǒu chāoshì ma?

第三课

‹ Dì sān kè ›

A： 喂，你 现在 在 哪儿 呢？
　　 Wéi, nǐ xiànzài zài nǎr ne?

B： 我 在 教室。
　　 Wǒ zài jiàoshì.

A： 大岛 他们 也 在 教室 吗？
　　 Dàdǎo tāmen yě zài jiàoshì ma?

B： 他们 不 在 教室。他们 好像 在 食堂。
　　 Tāmen bú zài jiàoshì. Tāmen hǎoxiàng zài shítáng.

A： 你 老家 在 哪儿？
　　 Nǐ lǎojiā zài nǎr?

B： 在 长野。
　　 Zài Chángyě.

A： 你 家 有 几 口 人？
　　 Nǐ jiā yǒu jǐ kǒu rén?

B： 四 口 人，爸爸、妈妈、一个 弟弟 和 我。
　　 Sì kǒu rén, bàba, māma, yí ge dìdi hé wǒ.

新出単語

喂 wéi	感嘆 もしもし、元来は第4声だが、第2声で発音することが多い	也 yě	副 〜も
		他们 tāmen	代 （人名に後置して）〜たち
现在 xiànzài	名 今、現在	好像 hǎoxiàng	副 まるで〜のようだ
在 zài	動 〜にある、いる	食堂 shítáng	名 食堂
呢 ne	語助 〜か（疑問詞疑問文に用いる）	老家 lǎojiā	名 ふるさと
		长野 Chángyě	長野
教室 jiàoshì	名 教室	家 jiā	名 家

几 jǐ	疑代 いくつ（量詞に前置）	个 ge	量 〜人、〜個
		弟弟 dìdi	名 弟
口 kǒu	量 〜人（家族人数を数える）	和 hé	接 〜と

関連語句

眼镜 yǎnjìng	眼鏡	课本 kèběn	教科書
桌子 zhuōzi	机	研究室 yánjiūshì	研究室
上 shang	〜の上に	公司 gōngsī	会社
厕所 cèsuǒ	トイレ	钱包 qiánbāo	財布
书包 shūbāo	かばん	钱 qián	お金
里 li	〜の中に	兄弟姐妹 xiōngdì jiěmèi	兄弟姉妹

1 動詞'在'の文

【存在物・人＋'在'＋存在の場所】 〈〜が〜にある・いる〉
【存在物・人＋'不在'＋存在の場所】 〈〜が〜にない・いない〉

我的眼镜在桌子上吗？　　Wǒ de yǎnjìng zài zhuōzi shang ma?

　→ 在，在桌子上。　　Zài, zài zhuōzi shang.

　→ 不在，不在桌子上。　Bú zài, bú zài zhuōzi shang.

厕所在哪儿？　Cèsuǒ zài nǎr?

　→ 在那儿。　Zài nàr.

Check 1

- あなたの教科書はかばんの中にありますか。

　→ はい、かばんの中にあります。

　→ いいえ、かばんの中にはありません。

- 私の携帯はどこにありますか。

  → ここにあります。

◀C_heck **2**▶

- 王老师在研究室吗？　Wáng lǎoshī zài yánjiūshì ma?

  → 在，在研究室。　Zài, zài yánjiūshì.

  → 不在，不在研究室。　Bú zài, bú zài yánjiūshì.

- 爸爸现在在哪儿？　Bàba xiànzài zài nǎr?

  → 在公司。　Zài gōngsī.

- あなたのお母さんはお家にいますか。

  → はい、家にいます。

  → いいえ、家にいません。

2 '好像'の文

【主語＋'好像'＋（不／没）＋動詞＋目的語】

〈〜は〜のような気がする、〜らしい、〜みたいだ〉

他好像是中国人。　Tā hǎoxiàng shì Zhōngguórén.

爸爸好像在家。　Bàba hǎoxiàng zài jiā.

我的钱包里好像有钱。　Wǒ de qiánbāo li hǎoxiàng yǒu qián.

汉语老师好像姓吴。　Hànyǔ lǎoshī hǎoxiàng xìng Wú.

他好像不是日本人。　Tā hǎoxiàng bú shì Rìběnrén.

◀ C_heck **3** ▶

- 母は家にいないようです。

  _____

- そこに銀行が1軒あるようです。

  _____

- 彼女の姓は孫のようです。

  _____

- 彼は中国語の先生のようです。

  _____

ドリル

I （　）内に'有'（〜がある・いる）或いは'在'（〜にある・いる）を入れてから、日本語に訳しなさい。

1) 我家附近（　　　）一家超市。

2) 我的书包（　　　）桌子上。

3) 我们大学（　　　）学生食堂。

4) 图书馆（　　　）那里。

II 先ずCDの文例を書き取り、以下の問に答えなさい。

1) 小孙家在哪里？　Xiǎo Sūn jiā zài nǎli?

2) 她家有几口人？　Tā jiā yǒu jǐ kǒu rén?

3) 她有兄弟姐妹吗？　Tā yǒu xiōngdì jiěmèi ma?

4) 她现在在北京吗？　Tā xiànzài zài Běijīng ma?

第四课 ‹ Dì sì kè ›

A： 你们 学校 大 吗？
　　Nǐmen xuéxiào dà ma?

B： 不太 大，但是 中国 留学生 很 多。
　　Bú tài dà, dànshì Zhōngguó liúxuéshēng hěn duō.

A： 他们 的 日语 水平 高 吗？
　　Tāmen de Rìyǔ shuǐpíng gāo ma?

B： 还 可以，日常 会话 基本上 没 问题。
　　Hái kěyǐ, rìcháng huìhuà jīběnshang méi wèntí.

A： 我 觉得 日语 的 助词 和 敬语 很 难。
　　Wǒ juéde Rìyǔ de zhùcí hé jìngyǔ hěn nán.

B： 以后 我 教 你。欸，青椒 肉丝 味道 怎么样？
　　Yǐhòu wǒ jiāo nǐ. Ēi, qīngjiāo ròusī wèidao zěnmeyàng?

A： 很 好吃，就是 有点儿 咸。
　　Hěn hǎochī, jiùshì yǒudiǎnr xián.

B： 麻婆豆腐 太 辣 了。
　　Mápó dòufu tài là le.

新出単語

大 dà	形 大きい	日常 rìcháng	名 日常
不太 bú tài	あまり〜ない	会话 huìhuà	名 会話
但是 dànshì	接 しかし	基本上 jīběnshang	副 いちおう
很 hěn	副 とても	没问题 méi wèntí	問題ない、ノープロブレム
多 duō	形 多い		
日语 Rìyǔ	名 日本語	觉得 juéde	動 〜と思う
水平 shuǐpíng	名 レベル	助词 zhùcí	名 助詞
高 gāo	形 高い	敬语 jìngyǔ	名 敬語
还可以 hái kěyǐ	まあまあである	难 nán	形 難しい

以后 yǐhòu	名 これから	好吃 hǎochī	形 美味しい
教 jiāo	動 教える	就是 jiùshì	副 ただ
欸 ēi	感 ねえ	有点儿 yǒudiǎnr	副 少し
青椒肉丝 qīngjiāo ròusī	チンジアオロース	咸 xián	形 塩辛い
味道 wèidao	名 味	麻婆豆腐 mápó dòufu	マーボトウフ
怎么样 zěnmeyàng	疑代 どうですか	太～了 tài ~ le	～すぎる
		辣 là	形 辛い

関連語句

贵 guì	（値段が）高い	干净 gānjìng	清潔である
便宜 piányi	（値段が）安い	容易 róngyì	易しい
热 rè	暑い	比较 bǐjiào	わりと
冷 lěng	寒い	特别 tèbié	特に
远 yuǎn	遠い	相当 xiāngdāng	かなり
近 jìn	近い	真 zhēn	本当に
忙 máng	忙しい	非常 fēicháng	非常に
发音 fāyīn	発音（する）	汉语 Hànyǔ	中国語

ポイント

1 【'不太'＋形容詞】 （部分否定） 〈あまり～ない〉

不太贵。　Bú tài guì.
不太热。　Bú tài rè.

Check 1

- 日本語の発音はあまり難しくありません。

---

2 【'太'＋形容詞＋'了'】 〈あまりにも～〉

太远了。　Tài yuǎn le.
太贵了。　Tài guì le.

◀Check **2**▶

- あまりにも寒い。

  _____

3 形容詞述語文

① 肯定文　【主語＋（副詞）＋形容詞】

我很忙。　　Wǒ hěn máng.
发音太难。　Fāyīn tài nán.

② 否定文　【主語＋'不'＋形容詞】

今天不冷。　Jīntiān bù lěng.
学校不远。　Xuéxiào bù yuǎn.

③ 疑問文

教室大吗?　　　　Jiàoshì dà ma?
教室大不大?　　　Jiàoshì dà bu dà?
食堂干净吗?　　　Shítáng gānjìng ma?
食堂干（净）不干净?　Shítáng gān(jìng) bu gānjìng?

 反復疑問文は第5課を参照。

◀Check **3**▶

- 中国語は難しいですか。（'吗'の疑問文と反復疑問文とで）

  _____

- 中国語の発音はあまりにも難しい。

  _____

- 図書館はあまり大きくない。

  _____

- チンジアオロースはおいしいですか。（'吗'の疑問文と反復疑問文とで）

  _____

- チンジアオロースは非常においしいです。

  _____

ドリル

I 次の質問に答えなさい。

1) 你们大学大吗？　Nǐmen dàxué dà ma?

2) 你们大学里有留学生吗？　Nǐmen dàxué li yǒu liúxuéshēng ma?

3) 你觉得汉语难吗？　Nǐ juéde Hànyǔ nán ma?

II 先ずＣＤの文例を書き取り、以下の問に答えなさい。

（今天　jīntiān：今日／小张　Xiǎo Zhāng：張さん）

1) 他们大学大吗？　Tāmen dàxué dà ma?

2) 他们大学里有很多留学生吗？　Tāmen dàxué li yǒu hěn duō liúxuéshēng ma?

3) 他们的日语水平怎么样？　Tāmen de Rìyǔ shuǐpíng zěnmeyàng?

4) 小张觉得日语难吗？　Xiǎo Zhāng juéde Rìyǔ nán ma?

5) 那家餐厅怎么样？　Nà jiā cāntīng zěnmeyàng?

第五课 ‹ Dì wǔ kè ›

A：你 早上 一般 几点 起床？
　　Nǐ zǎoshang yìbān jǐ diǎn qǐchuáng?

B：我 一般 六点 左右 起床。
　　Wǒ yìbān liù diǎn zuǒyòu qǐchuáng.

A：几点 吃 早饭？
　　Jǐ diǎn chī zǎofàn?

B：七点 多 吃 早饭，七点 半 左右 去 学校。
　　Qī diǎn duō chī zǎofàn, qī diǎn bàn zuǒyòu qù xuéxiào.

A：你 每天 都 有 课 吗？
　　Nǐ měitiān dōu yǒu kè ma?

B：不是 每天 都 有。我 星期四 没有 课。
　　Bú shì měitiān dōu yǒu. Wǒ xīngqīsì méi yǒu kè.

A：你 在 大学 里 学 不 学 汉语？
　　Nǐ zài dàxué li xué bu xué Hànyǔ?

B：学。我 每个 星期五 有 汉语 课。
　　Xué. Wǒ měi ge xīngqīwǔ yǒu Hànyǔ kè.

新出单语

早上 zǎoshang	名 朝	多 duō	～余り（数量词に後置）
一般 yìbān	副 普段	半 bàn	数 ～半
几点 jǐ diǎn	何時	去 qù	动 行く
起床 qǐchuáng	动 起きる	学校 xuéxiào	名 学校
六点 liù diǎn	6時	每天 měitiān	名 毎日
左右 zuǒyòu	名・方 ぐらい	都 dōu	副 みんな、全部
吃 chī	动 食べる	课 kè	名 授業
早饭 zǎofàn	名 朝ごはん	星期四 xīngqīsì	木曜日
七点 qī diǎn	7時	在 zài	介 ～で

学 xué	動 習う、勉強する	每个星期五 měi ge xīngqīwǔ	
		毎週金曜日	

 関連語句

午饭 wǔfàn	昼ごはん		まる、授業を受ける
回家 huí jiā	家に帰る	下课 xià kè	授業が終わる
晚饭 wǎnfàn	晩ごはん	上班 shàng bān	出勤する、仕事が始まる
睡觉 shuìjiào	寝る		
上课 shàng kè	授業にでる、授業が始	下班 xià bān	仕事が終わる

 時間語（日・曜日）

大前天 dàqiántiān 〈さきおととい〉	前天 qiántiān 〈一昨日〉	昨天 zuótiān 〈昨日〉	今天 jīntiān 〈今日〉
明天 míngtiān 〈明日〉	后天 hòutiān 〈明後日〉	大后天 dàhòutiān 〈明々後日〉	
星期一 xīngqīyī 〈月曜日〉	星期二 xīngqī'èr 〈火曜日〉	星期三 xīngqīsān 〈水曜日〉	
星期四 xīngqīsì 〈木曜日〉	星期五 xīngqīwǔ 〈金曜日〉	星期六 xīngqīliù 〈土曜日〉	
星期天 xīngqītiān 〈日曜日〉	星期几 xīngqījǐ 〈何曜日〉	每（个）星期 měi (ge) xīngqī 〈毎週〉	
什么时候 shénme shíhou 〈いつ〉			

ポイント

1 時刻

1:00	一点（钟） yì diǎn (zhōng)	2:15	两点十五（分） liǎng diǎn shíwǔ (fēn)
1:05	一点零五（分） yì diǎn líng wǔ (fēn)		两点一刻 liǎng diǎn yí kè
2:00	两点（钟） liǎng diǎn (zhōng)	2:30	两点三十（分） liǎng diǎn sānshí (fēn)
			两点半 liǎng diǎn bàn

2:45　两点四十五（分）
　　　　liǎng diǎn sìshiwǔ (fēn)

两点三刻
liǎng diǎn sān kè

2:55　两点五十五（分）
　　　　liǎng diǎn wǔshiwǔ (fēn)

差五分三点
chà wǔ fēn sān diǎn

2 反復疑問文

述語を【肯定＋否定】と並べて作る疑問文である。【肯定＋否定】部分は、続けて一気に発音する。語気助詞'吗'は不要。文意は'吗'を用いた疑問文とほぼ同じである。
【主語＋動詞・形容詞＋不／没＋動詞・形容詞＋（目的語）】

她是不是中国人？　　Tā shì bu shì Zhōngguó rén?

妈妈在不在家？　　Māma zài bu zài jiā?

你有没有手机？　　Nǐ yǒu méi yǒu shǒujī?

你明天去不去学校？　　Nǐ míngtiān qù bu qù xuéxiào?

汉语难不难？　　Hànyǔ nán bu nán?

◀ Check 1

- 大島さんは学校にいますか。（疑問文は反復疑問文で、以下同様）
  _____

- あなたは消しゴムを持っていますか。
  _____

- 彼は留学生ですか。
  _____

- あなたは図書館へ行きますか。
  _____

3 動詞述語文

【主語＋動詞述語＋（目的語）】　　〈～は～をする〉
【主語＋'不'＋動詞述語＋（目的語）】　〈～は～をしない〉

你去哪儿？　　Nǐ qù nǎr?
　→ 我去教室。　　Wǒ qù jiàoshì.

你现在回家吗？　　Nǐ xiànzài huí jiā ma?

你回不回家？　　Nǐ huí bu huí jiā?

→ 回，我回家。　Huí, wǒ huí jiā.

→ 不回，我现在不回家。　Bù huí, wǒ xiànzài bù huí jiā.

◀ C_{heck} 2 ▶

- 彼女たちはどこへ行きますか。

  _____

  → 彼女たちはコンビニへ行きます。

  _____

- あなたは中国へ行きますか。（反復疑問文で）

  _____

  → はい、私は中国へ行きます。

  _____

  → いいえ、私は中国へ行きません。

  _____

4　介詞 '在' のフレーズ（介詞構造）

【主語＋'在'＋名詞＋動詞述語＋（目的語）】　〈～は～で～をする〉
【主語＋'不在'＋名詞＋動詞述語＋（目的語）】　〈～は～で～をしない〉

你今天在哪儿吃午饭？　Nǐ jīntiān zài nǎr chī wǔfàn?
　→ 我在学校吃午饭。　Wǒ zài xuéxiào chī wǔfàn.
我不在家吃午饭。　Wǒ bú zài jiā chī wǔfàn.

◀ C_{heck} 3 ▶

- あなたはいまどこで中国語を習っていますか。

  _____

  → 私は今大学で中国語を習っています。

  _____

- 私は今日学生食堂で昼食を食べません。

  _____

 **多様な'在'**

　存在を表す動詞'在'〈～にある、いる〉については、既に学習した。この課では、介詞（前置詞的なもの）の用法で、その後に場所語を導く役目をする。その他、副詞や結果補語の用法もある。

　フレーズ或いはセンテンスの中で、'在'以外の動詞の有無、'在'が他のどの語と結びついているかでその用法が変わってくる。この場合、'在'そのものの字音や字形にはなんら変化はない。

① 動詞　〈～にいる〉

　　她**在**教室里。　　　Tā zài jiàoshì li.

② 介詞　〈～で〉

　　她**在**教室里看书。　Tā zài jiàoshì li kàn shū.

③ 副詞　〈～している〉

　　她**在**看书呢。　　　Tā zài kàn shū ne.

④ 結果補語　〈～に住んでいる〉

　　她住**在**东京。　　　Tā zhùzài Dōngjīng.

ドリル

I 次の文を否定文にしなさい。

1) 我今天去学校。 _____
2) 我明天有课。 _____
3) 他在食堂吃午饭。 _____
4) 她们在图书馆。 _____

II 先ずCDの文例を書き取り、以下の問に答えなさい。

_____
_____
_____
_____
_____
_____
_____
_____

1) 大岛早上几点起床？　Dàdǎo zǎoshang jǐ diǎn qǐchuáng?
_____

2) 他几点去学校？　Tā jǐ diǎn qù xuéxiào?
_____

3) 他中午一般在哪儿吃午饭？　Tā zhōngwǔ yìbān zài nǎr chī wǔfàn?
_____

4) 他一般几点回家？　Tā yìbān jǐ diǎn huí jiā?
_____

第六课 ‹ Dì liù kè ›

A：大岛，你好！你在干什么呢？
　　Dàdǎo, nǐ hǎo! Nǐ zài gàn shénme ne?

B：我正在学汉语呢。你呢？
　　Wǒ zhèngzài xué Hànyǔ ne. Nǐ ne?

A：我最近在写报告。
　　Wǒ zuìjìn zài xiě bàogào.

B：你昨天来学校了吗？
　　Nǐ zuótiān lái xuéxiào le ma?

A：来了。
　　Lái le.

B：没见到你。
　　Méi jiàndào nǐ.

A：我昨天一直在图书馆查资料来着。
　　Wǒ zuótiān yìzhí zài túshūguǎn chá zīliào láizhe.

新出単語

在 zài	副 〜している	了 le	助 〜した
干 gàn	動 する、やる	没（有）méi (yǒu)	副 〜しなかった、〜していない
呢 ne	語助 〜している、（主語に後置して）〜は？	见到 jiàndào	動 会う
正在 zhèngzài	副 ちょうど〜している	一直 yìzhí	副 ずっと
最近 zuìjìn	名 最近	查 chá	動 調べる
写 xiě	動 書く	资料 zīliào	名 資料
报告 bàogào	名 レポート	来着 láizhe	語助 〜していた
来 lái	動 来る		

関連語句

做事 zuò shì　　事を処理する、仕事をする　　做工作 zuò gōngzuò　　働く、働きかける

做饭 zuò fàn	ごはんを作る	看电影 kàn diànyǐng	映画をみる
做菜 zuò cài	料理を作る	写信 xiě xìn	手紙を書く
看书 kàn shū	本を読む	写论文 xiě lùnwén	論文を書く
看报纸 kàn bàozhǐ	新聞を読む	写毛笔字 xiě máobǐzì	習字をする
看杂志 kàn zázhì	雑誌を読む	写作业 xiě zuòyè	宿題をする
看电视 kàn diànshì	テレビを見る		

ポイント

1 動詞の現在進行態

【副詞'正・在・正在'＋動詞＋（目的語）＋（'呢'）】
〈ちょうど～をしている、ちょうど～をしているところである〉
【'没（有）'＋動詞＋（目的語）】
〈～をしていない〉

你在看电视呢吗？　　Nǐ zài kàn diànshì ne ma?

→ 是的，我在看电视。　　Shìde, wǒ zài kàn diànshì.

→ 没有，我没看电视。　　Méi yǒu, wǒ méi kàn diànshì.

他们在干什么呢？　　Tāmen zài gàn shénme ne?

→ 他们在写毛笔字呢。　　Tāmen zài xiě máobǐzì ne.

Check 1

- あなたは新聞を読んでいますか。

　→ はい、私は新聞を読んでいます。

　→ いいえ、私は新聞を読んでいません。

- 大島さんは何をしてますか。

- 大島さんはレポートを書いています。

2 動作の完了態

【主語＋動詞＋（目的語）＋'了'】　〈～は～をした〉
【主語＋'没（有）'＋動詞＋（目的語）】〈～は～をしなかった〉

你看今天的报纸了吗？　　Nǐ kàn jīntiān de bàozhǐ le ma?
　→ 看了，我看今天的报纸了。　Kàn le, wǒ kàn jīntiān de bàozhǐ le.
　→ 没看，我没看今天的报纸。　Méi kàn, wǒ méi kàn jīntiān de bàozhǐ.
昨天你们干什么了？　　Zuótiān nǐmen gàn shénme le?
　→ 我们昨天看电影了。　　Wǒmen zuótiān kàn diànyǐng le.

'昨天'のような時間語は、主語に前置しても後置しても可である。

Check 2

- 彼女は昨日学校に来ましたか。
　_____

→ はい、彼女は昨日学校に来ました。
　_____

→ いいえ、彼女は昨日学校に来ませんでした。
　_____

- 日曜日あなたたちはどこへ行きましたか。
　_____

- 私たちは長野へ行きました。
　_____

'了'の用法

　動詞に後置した'了'を動態助詞といい、〈～した〉という完了を表す。一方、形容詞に後置した或いは文末に置かれた'了'は、〈～になった〉というような新しい事態の表出や状況の変化を示す。用法によってはこの二つを区別できないケースもある。
　また、この二つの'了'が同時に使われた場合には、〈もう～した〉とか〈時間の継続を示す〉など、多様な文意となる。

動態助詞'了¹'【完了態】 ／ 語気助詞'了²'【状況の変化】

① 【動詞＋'了'＋（目的語）／形容詞・文＋'了'】　〈～した〉／〈～になった〉

  我昨天看了¹一本小说。　　Wǒ zuótiān kànle yì běn xiǎoshuō.

  我写了¹⁺²。　　Wǒ xiě le.

  我写作业了¹⁺²。　　Wǒ xiě zuòyè le.

  他的病好了²。　　Tā de bìng hǎo le.

  他现在是大学生了²。　　Tā xiànzài shì dàxuéshēng le.

  我们已经吃了¹饭了²。　　Wǒmen yǐjīng chīle fàn le.　　（已经：すでに）

  我学了¹半年汉语了²。　　Wǒ xuéle bàn nián Hànyǔ le.

② '没（有）'＋動詞＋（目的語）　〈～しなかった、していない〉

  我没去学校。　　Wǒ méi qù xuéxiào.

  我还没吃晚饭。　　Wǒ hái méi chī wǎnfàn.

③ 疑問形　〈～しましたか〉

  你吃早饭了吗？　　Nǐ chī zǎofàn le ma?

  你吃没吃早饭？　　Nǐ chī méi chī zǎofàn?

  你吃早饭了没有？　　Nǐ chī zǎofàn le méi yǒu?

  →吃了。 Chī le. ／ 没吃。 Méi chī. ／ 还没吃。 Hái méi chī.

3 '来着'による動作の過去進行態

【主語＋動詞＋（目的語）＋'来着'】　〈～は～をしていた〉

【主語＋'没（有）'＋動詞＋（目的語）】　〈～は～をしていなかった〉

你昨天一直在家看电视来着吗？　　Nǐ zuótiān yìzhí zài jiā kàn diànshì láizhe ma?

 → 是的，一直在家看电视来着。　　Shìde, yìzhí zài jiā kàn diànshì láizhe.

 → 没有，我没在家看电视。　　Méi yǒu, wǒ méi zài jiā kàn diànshì.

｢C_heck 3｣

- あなたは日曜日ずっと家で寝ていましたか。

  _____

  → はい、私はずっと家で寝ていました。

  _____

  → いいえ、私は家で寝ていませんでした。

  _____

ドリル

I 次の質問に答えなさい。

1) 你们在干什么呢？　Nǐmen zài gàn shénme ne?

2) 你看今天的报纸了吗？　Nǐ kàn jīntiān de bàozhǐ le ma?

3) 你昨天去图书馆了吗？　Nǐ zuótiān qù túshūguǎn le ma?

4) 星期天你干什么了？　Xīngqītiān nǐ gàn shénme le?

II 先ずＣＤの文例を書き取り、以下の問に答えなさい。

（因为　yīnwèi：〜からである）

1) 小孙见到谁了？　Xiǎo Sūn jiàndào shuí le?　（小孙　Xiǎo Sūn：孫さん）

2) 小孙昨天见到大岛了吗？　Xiǎo Sūn zuótiān jiàndào Dàdǎo le ma?

3) 小孙在写什么？　Xiǎo Sūn zài xiě shénme?

4) 小孙和大岛最近怎么样？　Xiǎo Sūn hé Dàdǎo zuìjìn zěnmeyàng?

第七课 ‹ Dì qī kè ›

A：这 条 项链 真 漂亮！
　　Zhè tiáo xiàngliàn zhēn piàoliang!

B：是 吗？ 谢谢。
　　Shì ma? Xièxie.

A：是在 日本买 的 吗？
　　Shì zài Rìběn mǎi de ma?

B：是的。 是 上 个 星期天 在 涩谷买 的。
　　Shìde. Shì shàng ge xīngqītiān zài Sègǔ mǎi de.

A：我 的 这件 上衣 也是 在 涩谷买 的。
　　Wǒ de zhè jiàn shàngyī yě shì zài Sègǔ mǎi de.

B：你也 经常 去涩谷 吗？
　　Nǐ yě jīngcháng qù Sègǔ ma?

A：是的。 我 觉得 那里 的 东西 又 便宜 又 好。
　　Shìde. Wǒ juéde nàli de dōngxi yòu piányi yòu hǎo.

B：哪天 咱们 俩 一起 去 逛逛 吧。
　　Nǎ tiān zánmen liǎ yìqǐ qù guàngguang ba.

新出単語

这 zhè	代 これ	上衣 shàngyī	名 上着、ジャケット
条 tiáo	量 ～本	经常 jīngcháng	副 よく、常に
项链 xiàngliàn	名 ネックレス	东西 dōngxi	名 品物
漂亮 piàoliang	形 綺麗である	又～又～ yòu～yòu～	～でもあり、～でもある
买 mǎi	動 買う		
上个星期天 shàng ge xīngqītiān	先週の日曜日	好 hǎo	形 よい
		哪天 nǎ tiān	いつ（の日）か
涩谷 Sègǔ	渋谷	咱们 zánmen	代 (相手を含む)私たち
件 jiàn	量 ～着		

俩 liǎ	名 二人、二つ	吧 ba	語助 ～しよう、～だろう（提案・推測などの語気を表す）
一起 yìqǐ	副 一緒に		
逛 guàng	動 見物する、散策する		

関連語句

说 shuō	話す、しゃべる	飞机 fēijī	飛行機
笑 xiào	笑う	电车 diànchē	電車
唱歌儿 chàng gēr	歌を歌う	开车 kāi chē	車を運転する
跳舞 tiàowǔ	ダンスをする	炸鸡 zhájī	フライドチキン
出差 chūchāi	出張する	麦当劳 Màidāngláo	マクドナルド
旅游 lǚyóu	旅行する	汉堡包 hànbǎobāo	ハンバーガー
星巴克 Xīngbākè	スターバックス	吉野家 Jíyějiā	吉野家
咖啡 kāfēi	コーヒー	牛肉盖浇饭 niúròu gàijiāofàn	牛丼
肯德基 Kěndéjī	ケンタッキー		
坐 zuò	乗る、座る		

1 指示代名詞

これ・この	それ・あれ	どれ・どの
这 zhè	那 nà	哪 nǎ
これ・この	それ・その、あれ・あの	どれ・どの
这个 zhège・zhèige	那个 nàge・nèige	哪个 nǎge・něige

'这个'・'那个'・'哪个'の'个'は元来量詞で、後に続く名詞によって使う量詞が変わる。

这张床 zhè zhāng chuáng 　　那本小说 nà běn xiǎoshuō
〈このベッド〉 　　　　　　　〈あの小説〉

哪个教室 nǎge jiàoshì 　　　那只猫 nà zhī māo
〈どの教室〉 　　　　　　　　〈あの猫〉

2 '是～的'の文

'是～的'の間に、既に行われたことを表す内容の述部を置いて、その行われた動作行為の時間・場所・方式などをきわだたせて説明する文である。肯定文では'是'が省かれる場合もある。

語順の最後の部分は、【～動詞＋目的語＋'的'】、或いは【～動詞＋'的'＋目的語】としてもかまわない。

①【主語＋'是／不是'＋時間語＋動詞＋目的語＋'的'】
　〈～はある時間に～した／～はある時間に～したのではない〉

你妹妹（是）什么时候来日本的？　Nǐ mèimei (shì) shénme shíhou lái Rìběn de?
我妹妹（是）昨天来日本的。　Wǒ mèimei (shì) zuótiān lái Rìběn de.
我妹妹不是昨天来日本的。　Wǒ mèimei bú shì zuótiān lái Rìběn de.

◀ C_{heck} **1** ▶

- 彼女はいつ中国へ行ったのですか。

- 彼女は9月10日に中国へ行ったのです。

②【主語＋'是／不是'＋場所語＋動詞＋'的'＋目的語】
　〈～はある所で～した／～はある所で～したのではない〉

她（是）在大学学的汉语吗？　Tā shì zài dàxué xué de Hànyǔ ma?
她不是在大学学的汉语。　Tā bú shì zài dàxué xué de Hànyǔ.

◀ C_{heck} **2** ▶

- 孫さんはどこで日本語を習ったのですか。

- 彼女は大学で日本語を習ったのです。

③【主語＋'是／不是'＋方法・手段＋動詞＋'的'（目的語）】
　〈～はある方法で～した／～はある方法に～したのではない〉

你是怎么来的？　　　Nǐ shì zěnme lái de?
我是坐电车来的。　　Wǒ shì zuò diànchē lái de.
你是开车来的吗？　　Nǐ shì kāi chē lái de ma?
我不是开车来的。　　Wǒ bú shì kāi chē lái de.

Check 3

- あなたは飛行機で来たのですか。

___

- 私は飛行機で来たのではありません。

___

3　又～又～　（並列関係）

2つの動作が同時に、或いは前後して行われることや、類似した性質・状態が同時に存在することを表す。

又好吃又便宜。　　　Yòu hǎochī yòu piányi.
又唱歌又跳舞。　　　Yòu chàng gē yòu tiàowǔ.
他又是我们的老师，又是我们的朋友。　　　　　　　　　　（朋友：友だち）
　　　　Tā yòu shì wǒmen de lǎoshī, yòu shì wǒmen de péngyou.

Check 4

- 高くて大きい。

___

- しゃべったり笑ったりする。

___

4 動詞の重ね型 〈ちょっと〜する〉

同じ動詞を重ねたり、単音節の動詞ならその間に'一'を入れて【動詞'一'動詞】という語順で〈ちょっと〜する〉という意味を表す。また動詞の後に'一下 yí xià'〈一度、ちょっと〉をつけて表現する方法もある。各パターンの語順は以下のようになる。その発音方法にも注意すること。

①単音節の動詞

看〈見る〉	看看	看一看	看 一 下
kàn	kànkan	kànyikan	kàn yí xià

②複音節の動詞

休息〈休む〉	休息休息		休息 一 下
xiūxi	xiūxixiūxi		xiūxi yí xià

③離合動詞【動詞＋目的語】

散步〈散歩する〉	散散 步		散 一 下 步
sànbù	sànsan bù		sàn yí xià bù

5 連動文

一つの文で、二つ以上の動詞が使われている文を連動文という。動作が行われる順番で並べる。

【主語＋動詞¹＋（目的語）＋動詞²＋（目的語）・・・】

你去哪儿吃午饭？　　Nǐ qù nǎr chī wǔfàn?

我去麦当劳吃汉堡包。　　Wǒ qù Màidāngláo chī hànbǎobāo.

爸爸去中国出差。　　Bàba qù Zhōngguó chūchāi.

◀ Check 5 ▶

● 私たちはスターバックスへコーヒーを飲みに行きます。

_____

ドリル

I 次の質問に答えなさい。

1) 你今天是怎么来学校的？　Nǐ jīntiān shì zěnme lái xuéxiào de?

2) 你是在哪儿学的汉语？　Nǐ shì zài nǎr xué de Hànyǔ?

3) 你今天去哪儿吃午饭？　Nǐ jīntiān qù nǎr chī wǔfàn?

4) 你昨天去星巴克喝咖啡了吗？　Nǐ zuótiān qù Xīngbākè hē kāfēi le ma?

II 先ずＣＤの文例を書き取り、以下の問に答えなさい。

1) 小孙的项链是在哪儿买的？　Xiǎo Sūn de xiàngliàn shì zài nǎr mǎi de?

2) 小孙的项链是什么时候买的？　Xiǎo Sūn de xiàngliàn shì shénme shíhou mǎi de?

3) 那条项链漂亮吗？　Nà tiáo xiàngliàn piàoliang ma?

4) 大岛经常去哪里？　Dàdǎo jīngcháng qù nǎli?

5) 大岛觉得涩谷的东西怎么样？　Dàdǎo juéde Sègǔ de dōngxi zěnmeyàng?

第八课 ‹ Dì bā kè ›

A：你 家 离 学校 远 吗？
　　Nǐ jiā lí xuéxiào yuǎn ma?

B：很 远。要 坐 一个 多 小时 电车。
　　Hěn yuǎn. Yào zuò yí ge duō xiǎoshí diànchē.

A：从 你 家 到 车站 要 走 多 长 时间？
　　Cóng nǐ jiā dào chēzhàn yào zǒu duō cháng shíjiān?

B：我 家 离 车站 比较 近，只 需要 走 五 分钟。
　　Wǒ jiā lí chēzhàn bǐjiào jìn, zhǐ xūyào zǒu wǔ fēnzhōng.

A：那 还 算 方便。
　　Nà hái suàn fāngbiàn.

B：倒 也 是。
　　Dào yě shì.

A：离 上 课 还 有 三 分钟。
　　Lí shàng kè hái yǒu sān fēnzhōng.

B：咱们 进 教室 吧。
　　Zánmen jìn jiàoshì ba.

新出単語

离 lí	介 ～から、～まで	走 zǒu	動 歩く
要 yào	能動 ～しなければならない	多长 duō cháng	どのくらいの長さ
		时间 shíjiān	名 時間
一个多小时 yí ge duō xiǎoshí		多长时间 duō cháng shíjiān	
	1時間余り		どのくらいの時間
从 cóng	介 ～から	只 zhǐ	副 ただ、～だけ
到 dào	介 ～まで	需要 xūyào	動 かかる
	動 着く	那 nà	接 それでは
车站 chēzhàn	名 駅	还 hái	副 まあまあ、まだ

算 suàn	動 ～といえる	分钟 fēnzhōng	量 ～分間
方便 fāngbiàn	形 便利である	进 jìn	動 入る
倒也是 dào yě shì	それはそうですね		

関連語句

放暑假 fàng shǔjià	夏休みになる	放春假 fàng chūnjià	春休みになる
放寒假 fàng hánjià	冬休みになる	开学 kāi xué	学校が始まる

ポイント

1 時量語

几分钟 jǐ fēnzhōng	何分間	两天 liǎng tiān	2日間
一分钟 yì fēnzhōng	1分間	几个星期 jǐ ge xīngqī	何週間
两分钟 liǎng fēnzhōng	2分間	一个星期 yí ge xīngqī	1週間
几个小时 jǐ ge xiǎoshí	何時間	两个星期 liǎng ge xīngqī	2週間
半个小时 bàn ge xiǎoshí	30分間	几个月 jǐ ge yuè	何ヶ月
一个小时 yí ge xiǎoshí	1時間	一个月 yí ge yuè	1ヶ月
两个小时 liǎng ge xiǎoshí	2時間	两个月 liǎng ge yuè	2ヶ月
两个半小时 liǎng ge bàn xiǎoshí	2時間半	一年 yì nián	1年間
		两年 liǎng nián	2年間
几天 jǐ tiān	何日間	一个晚上 yí ge wǎnshang	一晩中
一天 yì tiān	1日間	一个上午 yí ge shàngwǔ	午前中いっぱい

2 時量補語 （時量：時間の長さ）

動作・行為の回数や時量を示す語は、動詞に後置される。この成分は動作・行為を補足説明する役割をするので、数量補語・動量補語・時量補語などと呼ばれる。

①【主語＋動詞＋（'了'）＋時量補語＋（目的語）】

我们要学两年汉语。　　Wǒmen yào xué liǎng nián Hànyǔ.

他们学了半年汉语。　　Tāmen xuéle bàn nián Hànyǔ.

◀Check **1**▶

- 私は３時間車を運転しなければなりません。

- 私は３時間車を運転しました。

②【主語＋（動詞）＋目的語＋動詞＋（'了'）時量補語】

他们学汉语学了半年。　　Tāmen xué Hànyǔ xuéle bàn nián.
他们汉语学了半年。　　Tāmen Hànyǔ xuéle bàn nián.
我每天看电视看两个小时。　　Wǒ měitiān kàn diànshì kàn liǎng ge xiǎoshí.
我等小孙等了一个多小时。　　Wǒ děng xiǎo Sūn děngle yí ge duō xiǎoshí.

◀Check **2**▶

- 私は毎日２時間余り電車に乗ります。

- 私は今日２時間余り電車に乗りました。

③【主語＋動詞＋（'了'）＋目的語〈人の場合〉＋時量補語】

我等了小孙一个多小时。　　Wǒ děngle xiǎo Sūn yí ge duō xiǎoshí.

 人を表す語が目的語となった場合は、動詞のすぐ後に目的語を置く。

◀Check **3**▶

- 私は彼女を２０分間待ちました。

3 介詞'离'のフレーズ （介詞構造）

①【主語＋'离'＋場所名詞＋'远・近'】〈～は～まで遠い、～は～に近い〉

我家离学校很远。　　Wǒ jiā lí xuéxiào hěn yuǎn.
我家离超市很近。　　Wǒ jiā lí chāoshì hěn jìn.

◀Check 4▶

- 学校は駅までとても遠い。

②【主語＋'离'＋場所名詞・動詞フレーズ＋'有'＋数量詞】〈～は～まで～ある〉

这里离公司有一公里。　　Zhèli lí gōngsī yǒu yì gōnglǐ.　　（公里：キロメートル）
离放寒假还有一个月。　　Lí fàng hánjià hái yǒu yí ge yuè.

◀Check 5▶

- 学校は駅まで3kmあります。

4 介詞'从'のフレーズ （介詞構造）

【主語＋'从'＋場所・時間名詞＋動詞＋（目的語）】〈～は～から～をする〉

小孙是从哪儿来日本的?　　Xiǎo Sūn shì cóng nǎr lái Rìběn de?
大学从八月一号放暑假。　　Dàxué cóng bā yuè yī hào fàng shǔjià.

◀Check 6▶

- 孫さんは中国から日本に来たのです。

- 大学は4月1日から学校が始まります。

5 介詞'到'のフレーズ （介詞構造）

【主語＋'到'＋場所＋'来・去'】〈〜は〜に来る・行く〉

大岛到哪儿去了？　　Dàdǎo dào nǎr qù le?

小孙的妈妈哪天到日本来？　　Xiǎo Sūn de māma nǎ tiān dào Rìběn lái?

◀ C_{heck} 7 ▶

- 大島さんは図書館に行きました。
  _____

- 孫さんのお母さんは明日日本に来ます。
  _____

ドリル

I 次の質問に答えなさい。

1) 你们大学离车站远不远？　Nǐmen dàxué lí chēzhàn yuǎn bu yuǎn?

　

2) 你学了多长时间汉语？　Nǐ xuéle duō cháng shíjiān Hànyǔ?

　

3) 你在电车里看书吗？　Nǐ zài diànchē li kàn shū ma?

　

4) 现在离下课还有多长时间？　Xiànzài lí xià kè hái yǒu duō cháng shíjiān?

　

II 先ずCDの文例を書き取り、以下の問に答えなさい。

　

　

　

　

　

1) 大岛家离学校远吗？　Dàdǎo jiā lí xuéxiào yuǎn ma?

　

2) 从大岛家到车站要走多长时间？
Cóng Dàdǎo jiā dào chēzhàn yào zǒu duō cháng shíjiān?

　

3) 大岛家离车站远不远？　Dàdǎo jiā lí chēzhàn yuǎn bu yuǎn?

　

4) 大岛经常在电车上干什么？　Dàdǎo jīngcháng zài diànchē shang gàn shénme?

第九课 ‹ Dì jiǔ kè ›

A： 你　会　游泳　吗？
　　 Nǐ　huì　yóuyǒng　ma?

B： 我　不但　会　游，而且　能　游　五千　米。
　　 Wǒ　búdàn　huì　yóu, érqiě　néng　yóu　wǔqiān　mǐ.

A： 你　真　了不起！我　刚　开始　学　游泳。
　　 Nǐ　zhēn　liǎobuqǐ! Wǒ　gāng　kāishǐ　xué　yóuyǒng.

B： 游泳　对　身体　很　好。
　　 Yóuyǒng　duì　shēntǐ　hěn　hǎo.

A： 你　除了　游泳　以外，还　喜欢　什么　运动？
　　 Nǐ　chúle　yóuyǒng　yǐwài, hái　xǐhuan　shénme　yùndòng?

B： 我　还　喜欢　打　太极拳。
　　 Wǒ　hái　xǐhuan　dǎ　tàijíquán.

A： 怪不得　你　身体　这么　好。
　　 Guàibude　nǐ　shēntǐ　zhème　hǎo.

B： 是的，我　身体　很　好。
　　 Shìde,　wǒ　shēntǐ　hěn　hǎo.

新出単語

会 huì	能動 ～できる	真 zhēn	副 本当に
游泳 yóuyǒng	動 泳ぐ	了不起 liǎobuqǐ	すごい、立派である
	名 水泳	刚 gāng	副 ～したばかり
不但 búdàn	接 ～ばかりでなく	开始 kāishǐ	動 始める
游 yóu	動 泳ぐ	对～很好 duì～hěn hǎo	～によい
而且 érqiě	接 そのうえ	（对～不好 duì～bù hǎo　～によくない）
能 néng	能動 ～できる	身体 shēntǐ	名 体
五千 wǔqiān	5千	除了～以外 chúle～yǐwài	～のほかに
米 mǐ	量 メートル	还 hái	副 さらに、そのうえ

喜欢 xǐhuan	動 好きである		太极拳 tàijíquán	名 太極拳
运动 yùndòng	名 スポーツ		怪不得 guàibude	副 道理で
	動 運動する		这么 zhème	代 こんなに、このように
打 dǎ	動（球技・太極拳などを）する		好 hǎo	形 元気である

関連語句

骑自行车 qí zìxíngchē	自転車に乗る		说汉语 shuō Hànyǔ	中国語を話す
用电脑 yòng diànnǎo	パソコンを使う		说英语 shuō Yīngyǔ	英語を話す
喝酒 hē jiǔ	お酒を飲む		当翻译 dāng fānyì	通訳になる
吸烟 xī yān	タバコを吸う		当老师 dāng lǎoshī	先生になる
打麻将 dǎ májiàng	マージャンをする		玩儿游戏 wánr yóuxì	ゲームをやる
插花 chā huā	お花を生ける、生け花		影碟 yǐngdié	DVD
茶道 chádào	茶道		电视 diànshì	テレビ
武术 wǔshù	武術		多远 duō yuǎn	どのくらいの距離
春天 chūntiān	春		漫画 mànhuà	漫画
夏天 xiàtiān	夏		肉 ròu	肉
秋天 qiūtiān	秋		篮球 lánqiú	バスケットボール
冬天 dōngtiān	冬		白兰瓜 báilánguā	メロン
黄色 huángsè	黄色		滑雪 huá xuě	スキー（をする）
红色 hóngsè	赤色		乌龙茶 wūlóngchá	ウーロン茶

ポイント

1 能願動詞 '会' の用法〈できる〉

動詞述語に前置して、学習や訓練のトレーニングを通じて、技能・趣味・嗜好・スポーツなどが、「身につく、できる」ということを表す。

その否定形は、【'不会'＋動詞】〈～することができない〉となる。

你会开车吗？　　Nǐ huì kāi chē ma?

　→ 会开，我会开车。　　Huì kāi, wǒ huì kāi chē.

他会不会用电脑？　　Tā huì bu huì yòng diànnǎo?

　→ 不会用，他不会用电脑。　　Bú huì yòng, tā bú huì yòng diànnǎo.

◀ C_{heck} 1 ▶

- あなたは自転車に乗れますか？

  → はい、私は自転車に乗れます。

- 彼女は中国語が話せますか。

  → いいえ、彼女は中国語が話せません。

 '会'には一般動詞としての用法もある。

我妈妈会茶道。　　Wǒ māma huì chádào.

2　能願動詞 '能' の用法〈できる、～してもかまわない〉

動詞の前に置いて、能力・機能を有すること、ある条件の可能や許可などを表す。
その否定形は、【'不能' ＋動詞】〈～することができない、～してはいけない〉である。

你能游多远？　　Nǐ néng yóu duō yuǎn?
　→ 我能游三千米。　　Wǒ néng yóu sānqiān mǐ.
你的电脑能不能看影碟？　　Nǐ de diànnǎo néng bu néng kàn yǐngdié?
　→ 我的电脑不能看影碟。　　Wǒ de diànnǎo bù néng kàn yǐngdié.
他的腿好了，能走路了。　　Tā de tuǐ hǎo le, néng zǒu lù le.
我没喝酒，能开车。　　Wǒ méi hē jiǔ, néng kāi chē.
你喝酒了，不能开车。　　Nǐ hē jiǔ le, bù néng kāi chē.

 '能 néng' を用いたの肯定文では、能願動詞 '可以 kěyǐ'〈できる〉に置き換えることができる。ただし、否定文では '不能' で表現する。'可以' には、もともと許可を表す意味が強く、単独で '可以 kěyǐ' というと〈よろしい！〉、'不可以 bù kěyǐ' というと〈ダメ！〉の表現となる。そこで、一般的に〈～することができない〉という場合には、'不能' で表現する。

◀ Check **2** ▶

- 私の父は英語の先生になれます。

  _____

- 私の携帯はテレビが見られません。

  _____

- 私は足がよくなって、自転車に乗れるようになった。

  _____

- ここはたばこを吸ってもいいですか。

  _____

3 接続詞 '不但～，而且～'〈～ばかりではなく，さらに～〉

我不但会骑自行车，而且会开车。　　Wǒ búdàn huì qí zìxíngchē, érqiě huì kāi chē.
他不但喝酒，而且吸烟。　　Tā búdàn hē jiǔ, érqiě xī yān.

◀ Check **3** ▶

- 彼女は中国語が話せるばかりではなく、通訳にもなれる。

  _____

4 '除了～以外，还～'〈～のほかに、さらに～〉

我爸爸除了会英语以外，还会汉语。　　Wǒ bàba chúle huì Yīngyǔ yǐwài, hái huì Hànyǔ.
我除了喜欢打麻将以外，还喜欢武术。
　　　　　　　　　　　　　Wǒ chúle xǐhuan dǎ májiàng yǐwài, hái xǐhuan wǔshù.

◀ Check **4** ▶

- 母は茶道ができるほかに、生け花もできます。

  _____

5 動詞'喜欢'の用法

① 目的語が名詞 〈～が好きである〉

我喜欢秋天。　　Wǒ xǐhuan qiūtiān.
我不喜欢冬天。　Wǒ bù xǐhuan dōngtiān.

◀ Check 5 ▶

- 私は黄色が好きです。

- 私の妹は赤色が好きではありません。

② 目的語が動詞フレーズ 〈～するのが好きである〉

我喜欢吃鱼。　　　Wǒ xǐhuan chī yú.
我不喜欢吃肉。　　Wǒ bù xǐhuan chī ròu.
我喜欢打麻将。　　Wǒ xǐhuan dǎ májiàng.
我不喜欢打篮球。　Wǒ bù xǐhuan dǎ lánqiú.

◀ Check 6 ▶

- 私のおじいさんはメロン（を食べるの）が好きです。

- 私の父はスキーをするのは好きでありません。

③ '喜欢'の反復疑問文

你喜欢不喜欢春天?　Nǐ xǐhuan bu xǐhuan chūntiān?
你喜不喜欢吃鱼?　　Nǐ xǐ bu xǐhuan chī yú?

◀ Check 7 ▶

- あなたはウーロン茶（を飲むの）が好きですか。

I 次の質問に答えなさい。

1) 你喜欢不喜欢春天？　　Nǐ xǐhuan bu xǐhuan chūntiān?

2) 你的手机能不能玩儿游戏？　　Nǐ de shǒujī néng bu néng wánr yóuxì?

3) 你除了学汉语以外，还学英语吗？　　Nǐ chúle xué Hànyǔ yǐwài, hái xué Yīngyǔ ma?

4) 你喜不喜欢看漫画？　　Nǐ xǐ bu xǐhuan kàn mànhuà?

II 先ず CD の文例を書き取り、以下の問に答えなさい。

1) 大岛的妈妈会说汉语吗？　水平怎么样？
Dàdǎo de māma huì shuō Hànyǔ ma?　Shuǐpíng zěnmeyàng?

2) 谁能当大岛的英语老师？　　Shuí néng dāng Dàdǎo de Yīngyǔ lǎoshī?

3) 大岛经常在哪里看漫画？　　Dàdǎo jīngcháng zài nǎli kàn mànhuà?

第十课 ‹ Dì shí kè ›

A：暑假 你 打算 怎么 过？
　　Shǔjià nǐ dǎsuan zěnme guò?

B：暑假 我 每天 都 得 打工。
　　Shǔjià wǒ měitiān dōu děi dǎgōng.

A：为什么 每天 都 打工 呢？
　　Wèishénme měitiān dōu dǎgōng ne?

B：为了 明年 春假 去 中国 旅游。
　　Wèile míngnián chūnjià qù Zhōngguó lǚyóu.

A：我也 想 打工。
　　Wǒ yě xiǎng dǎgōng.

B：站前 的那 家 餐厅 正在 招 人。
　　Zhànqián de nà jiā cāntīng zhèngzài zhāo rén.

A：我 不 想 在 餐厅 打工。
　　Wǒ bù xiǎng zài cāntīng dǎgōng.

B：你 如果 有 驾照 的话，可以 在 快递 公司 打工。
　　Nǐ rúguǒ yǒu jiàzhào de huà, kěyǐ zài kuàidì gōngsī dǎgōng.

新出单語

暑假 shǔjià	名 夏休み	为了 wèile	介 ～のために
打算 dǎsuan	能動 ～するつもりである、～する予定である	明年 míngnián	名 来年
		春假 chūnjià	名 春休み
怎么 zěnme	疑代 どのように	想 xiǎng	能動 ～したい
过 guò	動 過ごす	站前 zhànqián	駅前
得 děi	能動 ～しなければならない	招人 zhāo rén	人を募集する
		如果 rúguǒ	接 もしも
打工 dǎgōng	動 アルバイトをする	的话 de huà	助 ～ならば
为什么 wèishénme	なぜ、どうして	驾照 jiàzhào	名 運転免許証

可以 kěyǐ	能動 〜できる、（肯定文では'能'と同じ意味）	快递 kuàidì	名 速達
		公司 gōngsī	名 会社

関連語句

考大学 kǎo dàxué	大学を受験する	红茶 hóngchá	紅茶
找工作 zhǎo gōngzuò	仕事を探す、就職活動をする	买东西 mǎi dōngxi	ショッピングをする
过年 guò nián	年越しをする	回老家 huí lǎojiā	故郷へ帰る、帰省する
哥哥 gēge	兄	美国 Měiguó	アメリカ
姐姐 jiějie	姉	弟弟 dìdi	弟
喝 hē	飲む	妹妹 mèimei	妹
		咖啡 kāfēi	コーヒー

ポイント

1　能願動詞'打算'の用法　〈〜は〜する予定である〉

動詞述語に前置して、心中何かをしようとする考えがあることを表す。その否定形は、【'不打算'＋動詞】〈〜する予定ではない〉となる。

我打算回老家过年。　　Wǒ dǎsuan huí lǎojiā guò nián.

你弟弟打算考大学吗？　Nǐ dìdi dǎsuan kǎo dàxué ma?

你弟弟打（算）不打算考大学？　Nǐ dìdi dǎ (suan) bu dǎsuan kǎo dàxué?

　→ 他不打算考大学。　Tā bù dǎsuan kǎo dàxué.

Check 1

● 私の兄さんは就職活動をする予定です。

―――――――――――――――――――――――――――――――

● あなたは日曜日何をする予定ですか。

―――――――――――――――――――――――――――――――

● → 私は買い物をする予定です。あなたは。

―――――――――――――――――――――――――――――――

● → 私は買い物をする予定はありません。

―――――――――――――――――――――――――――――――

2 能願動詞'得'の用法　〈～しなければならない〉

その否定形は、【'不用 bú yòng'＋動詞】〈～しなくてもいい〉となる。

我星期天得写报告。　　Wǒ xīngqītiān děi xiě bàogào.
我现在不用写论文。　　Wǒ xiànzài bú yòng xiě lùnwén.

Check 2

- 私は今日学校に行かなければなりません。

　＿＿＿＿＿＿＿＿＿＿＿＿＿＿＿＿＿＿＿＿＿＿＿＿

- 私たちは明日学校に来なくてもいい。

　＿＿＿＿＿＿＿＿＿＿＿＿＿＿＿＿＿＿＿＿＿＿＿＿

3 能願動詞'想'の用法　〈～をしたい〉

その否定形は、【'不想 bù xiǎng'＋動詞】〈～をしたくない〉となる。

你想喝什么?　　Nǐ xiǎng hē shénme?
我想喝咖啡。　　Wǒ xiǎng hē kāfēi.
你想去美国吗?　　Nǐ xiǎng qù Měiguó ma?

Check 3

- 你想不想去美国?　　Nǐ xiǎng bu xiǎng qù Měiguó?

- 我不想去美国。　　Wǒ bù xiǎng qù Měiguó.

- あなたはどこへ行きたいですか。

　＿＿＿＿＿＿＿＿＿＿＿＿＿＿＿＿＿＿＿＿＿＿＿＿

- 私は中国へ行きたいです。

　＿＿＿＿＿＿＿＿＿＿＿＿＿＿＿＿＿＿＿＿＿＿＿＿

- あなたは紅茶を飲みたいですか?

　＿＿＿＿＿＿＿＿＿＿＿＿＿＿＿＿＿＿＿＿＿＿＿＿

- 私は紅茶を飲みたくありません。

　＿＿＿＿＿＿＿＿＿＿＿＿＿＿＿＿＿＿＿＿＿＿＿＿

4 仮定表現　　【'如果'～'的话'】〈もしも～ならば〉

'如果'と'的话'の何れかが、省略されることがある。

（如果）有时间的话，我们一起喝咖啡吧。
(Rúguǒ) yǒu shíjiān de huà, wǒmen yìqǐ hē kāfēi ba.

你如果想学英语（的话），咱们一起学吧。
Nǐ rúguǒ xiǎng xué Yīngyǔ (de huà), zánmen yìqǐ xué ba.

◀C_{heck} 4▶

- あなたがもし太極拳を習いたいならば、私たちは一緒に習いましょう。

ドリル

I 次の質問に答えなさい。

1) 你这个星期天打算做什么？　Nǐ zhège xīngqītiān dǎsuan zuò shénme?

2) 你每天都得来学校吗？　Nǐ měitiān dōu děi lái xuéxiào ma?

3) 你想不想去中国留学？　Nǐ xiǎng bu xiǎng qù Zhōngguó liúxué?

4) 如果你有钱的话，想买什么？　Rúguǒ nǐ yǒu qián de huà, xiǎng mǎi shénme?

II 先ずＣＤの文例を書き取り、以下の問に答えなさい。

1) 大岛想什么时候去中国旅游？　Dàdǎo xiǎng shénme shíhou qù Zhōngguó lǚyóu?

2) 大岛暑假打算干什么？　Dàdǎo shǔjià dǎsuan gàn shénme?

3) 小孙会开车吗？　Xiǎo Sūn huì kāi chē ma?

4) 小孙能在快递公司打工吗？　Xiǎo Sūn néng zài kuàidì gōngsī dǎgōng ma?

第十一课

‹ Dì shíyī kè ›

A：寒假 过 得 怎么样？
　　Hánjià guò de zěnmeyàng?

B：过 得 很 开心，也 很 充实。
　　Guò de hěn kāixīn, yě hěn chōngshí.

A：哟，你 的 发音 比 以前 好 多 了。
　　Yōu, nǐ de fāyīn bǐ yǐqián hǎo duō le.

B：是 吗？ 你 好像 情绪 不 高。
　　Shì ma? Nǐ hǎoxiàng qíngxù bù gāo.

A：我 把 手机 弄丢 了。
　　Wǒ bǎ shǒujī nòngdiū le.

B：我 能 理解 你 的 心情，我 也 丢过 手机。
　　Wǒ néng lǐjiě nǐ de xīnqíng, wǒ yě diūguo shǒujī.

A：电子 词典 也 被 我 摔坏 了。
　　Diànzǐ cídiǎn yě bèi wǒ shuāihuài le.

B：你 真 惨！
　　Nǐ zhēn cǎn!

新出単語

寒假 hánjià	名 冬休み	多了 duō le	ずっと（形容詞に後置する）
得 de	構助 補語を導く構造助詞	情绪不高 qíngxù bù gāo	ふさぎこんでいる
开心 kāixīn	形 楽しい	把 bǎ	介 〜を
充实 chōngshí	形 充実している	手机 shǒujī	名 携帯電話
哟 yōu	感 おや、あら	弄丢 nòngdiū	動 失くす
比 bǐ	介 〜より	理解 lǐjiě	動 理解する
以前 yǐqián	名 以前	心情 xīnqíng	名 気持ち
好 hǎo	形 上手である、よい		

丢 diū	動 失くす		る（受身の文で、行為者を導く）
过 guo	動助 ～したことがある（動詞に後置する）	摔坏 shuāihuài	動 落として壊す
电子词典 diànzǐ cídiǎn	電子辞書	惨 cǎn	形 惨めである
被 bèi	介 ～に～される、られ		

関連語句

跑 pǎo	走る	大 dà	年上である
快 kuài	（速度が）速い	小 xiǎo	年下である
慢 màn	（速度が）遅い	看完 kànwán	読み終わる
忘记 wàngjì	忘れる	写完 xiěwán	書き終わる
打字 dǎ zì	文字を入力する	打扫 dǎsǎo	掃除する

ポイント

1 様態補語

構造助詞'得'を動詞・形容詞に後置し、さらに、その後に動作行為の様子やどのような状態に到達しているかを表す様態補語を置く。

①【動詞・形容詞＋'得'＋様態補語】

他跑得很慢。　　Tā pǎo de hěn màn.　〈彼は走るのが遅い。〉

他跑得很快。　　Tā pǎo de hěn kuài.

Check 1

- 彼女は歩くのがはやくありません。

_____

- 彼女は食べるのがとても遅い。

_____

他忙得忘记了吃饭。　　Tā máng de wàngjìle chī fàn.
　　　　　　　　　　　　〈彼はごはんを食べるのを忘れるほど忙しかった。〉

他忙得忘记了睡觉。　　Tā máng de wàngjìle shuìjiào.

◀Check **2**▶

- 彼女は家に帰るのを忘れるほど楽しかった。

  _____

②【主語＋（動詞）＋目的語＋動詞＋'得'＋様態補語】

她（说）汉语说得怎么样？　　Tā (shuō) Hànyǔ shuō de zěnmeyàng?
〈彼女の中国語のしゃべり方はどうですか。〉

她（做）菜做得怎么样？　　Tā (zuò) cài zuò de zěnmeyàng?
她（做）菜做得不太好。　　Tā (zuò) cài zuò de bú tài hǎo.
她字打得很快。　　Tā zì dǎ de hěn kuài.

◀Check **3**▶

- お母さんは車の運転の腕まえはどうですか。

  _____

- → 母は車の運転があまり上手ではありません。

  _____

2 比較の文

①【A（主語）＋'比'＋B（比較の対象）＋形容詞】〈AはBより～である〉

今天比昨天冷。　　Jīntiān bǐ zuótiān lěng.

◀Check **4**▶

- 今日は昨日より暑い。

  _____

②【A（主語）＋'比'＋B（比較の対象）＋形容詞＋'～多了'】
　〈AはBよりずっと～である〉

汉语比英语难多了。　　Hànyǔ bǐ Yīngyǔ nán duō le.

◀Check **5**▶

- 彼女の発音は私よりずっといいです。

___

③【A（主語）＋'比'＋B（比較の対象）＋形容詞＋分量補語】
〈AはBよりどのくらい〜である〉

姐姐比我大两岁。　　Jiějie bǐ wǒ dà liǎng suì.
妹妹比我小三岁。　　Mèimei bǐ wǒ xiǎo sān suì.

◀Check **6**▶

- 父は母より5歳年上です。

___

④【A（主語）＋'没有'＋B（比較の対象）＋形容詞】
〈AはBほど〜ではない〉

英语没有汉语难。　　Yīngyǔ méi yǒu Hànyǔ nán.

◀Check **7**▶

- 私の発音は彼女ほど上手ではありません。

___

3 介詞'把'の文

　介詞'把'を用いて目的語を動詞の前に引き出す。この場合、目的語は既知・特定のものであり、動詞には何らかの付加成分を付けなければならない。
【主語＋'把'＋目的語＋動詞＋動詞につく付加成分】〈〜は〜を〜する・〜を〜した〉

我把那本书看完了。　　Wǒ bǎ nà běn shū kànwán le.
你想把这张桌子放在哪儿?　　Nǐ xiǎng bǎ zhè zhāng zhuōzi fàngzài nǎr?
我还没把房间打扫干净。　　Wǒ hái méi bǎ fángjiān dǎsǎo gānjìng.

 能願動詞'想'や副詞'还没〜'などの語は、介詞'把'に前置する。

◀ C_heck **8** ▶

- 私は今日の宿題を書き終えました。
  _____

- 私は部屋をきれいに掃除したいです。
  _____

- 私はまだ今日の宿題を書き終えていません。
  _____

4 動態助詞'过'の文　　（経験態）

動詞フレーズ（動詞＋目的語）や離合動詞に'过'がつく場合、'过'は、動詞のすぐ後に置く。
【動詞＋'过'＋（目的語）】　　〈～したことがある〉
【'没'＋動詞＋'过'＋（目的語）】〈～したことはない〉

留学〈留学する〉　//　留过　学　⟷　没　留过　学
liúxué　　　　　　　　liúguo xué　　　méi liúguo xué

我在那家星巴克喝过咖啡。　Wǒ zài nà jiā Xīngbākè hēguo kāfēi.
我没在那家麦当劳吃过汉堡包。　Wǒ méi zài nà jiā Màidāngláo chīguo hànbǎobāo.

◀ C_heck **9** ▶

- 私は北京で留学したことはありません。
  _____

I 次の問に答えなさい。

1) 你一个小时能把你的房间打扫干净吗?
   Nǐ yí ge xiǎoshí néng bǎ nǐ de fángjiān dǎsǎo gānjìng ma?

2) 你跑得快不快?　Nǐ pǎo de kuài bu kuài?

3) 你的钱包被你弄丢过吗?　Nǐ de qiánbāo bèi nǐ nòngdiūguo ma?

4) 你爸爸比你妈妈大几岁?　Nǐ bàba bǐ nǐ māma dà jǐ suì?

II 先ずCDの文例を書き取り、以下の問に答えなさい。

1) 大岛寒假过得怎么样?　Dàdǎo hánjià guò de zěnmeyàng?

2) 大岛寒假每天都学什么?　Dàdǎo hánjià měitiān dōu xué shénme?

3) 小孙把什么弄丢了?　Xiǎo Sūn bǎ shénme nòngdiū le?

4) 小孙把什么摔坏了?　Xiǎo Sūn bǎ shénme shuāihuài le?

第十二课 ‹ Dì shí'èr kè ›

A：让 你 久 等 了，实在 对不起！
　　Ràng nǐ jiǔ děng le, shízài duìbuqǐ!

B：你去 哪儿 了？
　　Nǐ qù nǎr le?

A：我 去了 一 趟 便利店。
　　Wǒ qùle yí tàng biànlìdiàn.

B：买 什么 了？
　　Mǎi shénme le?

A：买了 一 把 雨伞，还 买了 两 瓶 饮料。给 你 一 瓶。
　　Mǎile yì bǎ yǔsǎn, hái mǎile liǎng píng yǐnliào. Gěi nǐ yì píng.

B：谢谢。 今天 的 雨 真 大！
　　Xièxie. Jīntiān de yǔ zhēn dà!

A：快 走 吧，棒球 比赛 快 开始 了。
　　Kuài zǒu ba, bàngqiú bǐsài kuài kāishǐ le.

B：还 有 十 分钟， 来得及。
　　Hái yǒu shí fēnzhōng, láidejí.

新出単語

让 ràng	動 させる	瓶 píng	量 瓶詰のものを数える
久 jiǔ	副 長らく	饮料 yǐnliào	名 飲み物
等 děng	動 待つ	给 gěi	動 あげる、くれる
实在 shízài	副 ほんとうに	雨 yǔ	名 雨
对不起 duìbuqǐ	すみません	大 dà	形（雨、風などが）すごい、凄まじい
趟 tàng	量 往復の回数を数える		
把 bǎ	量 取っ手のある器物を数える	快 kuài	副 速く
		走 zǒu	動 行く、出かける
雨伞 yǔsǎn	名 雨傘	棒球 bàngqiú	名 野球

比赛 bǐsài	名 試合	来得及 láidejí	間に合う
快～了 kuài ～ le	もうすぐ		

関連語句

次 cì	～回、～度	信用卡 xìnyòngkǎ	クレジットカード
回 huí	'次'と同じ。	桌子 zhuōzi	テーブル
本 běn	～冊	积分卡 jīfēnkǎ	ポイントカード
枝 zhī	～本	广告 guǎnggào	広告
张 zhāng	～枚（紙類・カード・ベッド・机など平面のものを数える）	北京烤鸭 Běijīng kǎoyā	北京ダック
		父母 fùmǔ	両親
床 chuáng	ベッド		

ポイント

1 動量詞（動量補語）の文

①【主語＋（修飾語・助動詞）＋動詞＋（'了'／'过'）＋動量補語＋目的語】

我想吃一回北京烤鸭。　Wǒ xiǎng chī yì huí Běijīng kǎoyā.

我去了两趟北京。　Wǒ qùle liǎng tàng Běijīng.

我在那家餐厅吃过一次午饭。　Wǒ zài nà jiā cāntīng chīguo yí cì wǔfàn.

◀Check 1▶

- 私は彼女の家で一度晩ご飯を食べたことがあります。

　_____

- 私は今日2回図書館へ行きました。

　_____

- 私は夏休み一度ふるさとに帰りたい。

　_____

②【主語＋（修飾語・助動詞）＋動詞＋（'了'／'过'）＋目的語（人）＋動量補語】

你等我一下，好吗？　Nǐ děng wǒ yí xià, hǎo ma?

◀Check **2**▶

- 私たちは彼をちょっと待ちましょう。

___

2 名量詞（名量補語）の文

【主語＋動詞＋（'了'／'过'）＋名量補語＋目的語】

我想买一条裤子。　　Wǒ xiǎng mǎi yì tiáo kùzi.　　　　　　　　　（裤子：ズボン）
他吃了两个包子。　　Tā chīle liǎng ge bāozi.

◀Check **3**▶

- 私は北京で1冊の中国語辞典を買ったことがあります。

___

3 使役表現　　使役動詞'让'の用法

【A（主語）＋'让'＋B（人）＋動詞＋目的語】
〈AはBに〜させる、AはBに〜してもらう、AはBにするようにという〉
【A（主語）＋'不让'＋B（人）＋動詞＋目的語】
〈AはBに〜させない、AはBに〜してもらわない〉
【A（主語）＋'没让'＋B（人）＋動詞＋目的語】
〈AはBに〜させていない、AはBに〜させなかった〉

老师让我写报告。　　Lǎoshī ràng wǒ xiě bàogào.
爸爸不让我开车。　　Bàba bú ràng wǒ kāi chē.
妈妈昨天没让我用电脑。　Māma zuótiān méi ràng wǒ yòng diànnǎo.

◀Check **4**▶

- 母は私にご飯を作らせます。

___

- 私は昨日父にお酒を飲ませませんでした。

___

- 先生は私たちに日本語を言わせません。

___

4 '快〜了'の文　　（将然態）

【主語＋'快'＋動詞＋（目的語）＋'了'】〈〜はもうすぐ（まもなく）〜〉

我们学校快开学了。　　Wǒmen xuéxiào kuài kāi xué le.

Check 5

- 私たちの学校はもうすぐ夏休みです。

ドリル

I 次の問に答えなさい。

1) 你父母让你喝酒吗？　　Nǐ fùmǔ ràng nǐ hē jiǔ ma?

2) 你去过几次迪斯尼乐园？　　Nǐ qùguo jǐ cì Dísīní Lèyuán?

（迪斯尼乐园：ディズニーランド）

3) 你有几本词典？　　Nǐ yǒu jǐ běn cídiǎn?

4) 你能吃几个包子？　　Nǐ néng chī jǐ ge bāozi?

II 先ずＣＤの文例を書き取り、以下の問に答えなさい。

1) 今天大岛和小孙做什么了？　　Jīntiān Dàdǎo hé xiǎo Sūn zuò shénme le?

2) 大岛买了几瓶饮料？　　Dàdǎo mǎile jǐ píng yǐnliào?

3) 大岛除了买了饮料，还买什么了？　　Dàdǎo chúle mǎile yǐnliào, hái mǎi shénme le?

4) 大岛是在哪儿买的饮料？　　Dàdǎo shì zài nǎr mǎi de yǐnliào?

語彙リスト（ピンインから調べる）
※アルファベット順に配列し、数字はページを示す。

A
āyí　　　　阿姨　おばさん …………… 12
ài　　　　　爱　可愛がる、好きである
　　　　　　　………………………… 13
áo yào　　　熬药　薬を煎じる ………… 13

B
bā　　　　　八　8 ……………………… 16
bā hào　　　八号　8日 ………………… 16
bā yuè　　　八月　8月 ………………… 16
bǎ　　　　　把　～を ………………… 73
　　　　　　取っ手のある器物を数える
　　　　　　量詞 ……………………… 79
bàba　　　　爸爸　お父さん …………… 11
ba　　　　　吧　～しよう、～だろう（提案・
　　　　　　推測などの語気を表す）
　　　　　　………………………… 51
Báilánguā　　白兰瓜　メロン …………… 63
bàn　　　　　半　～半 ………………… 38
bàn ge xiǎoshí 半个小时　30分間 ……… 57
bàngqiú　　　棒球　野球 ……………… 79
bàogào　　　报告　レポート …………… 44
bàozhǐ　　　报纸　新聞 ……………… 45
bēi'āi　　　悲哀　悲しい ……………… 13
Běijīng kǎoyā 北京烤鸭　北京ダック …… 80
bèi　　　　　被　～に～される、られる
　　　　　　（受身の文で行為者を導く）
　　　　　　………………………… 74
běn　　　　　本　～冊 ………………… 80
bǐ　　　　　比　～より ………………… 73
bǐjiào　　　比较　わりと ……………… 35
bǐsài　　　　比赛　試合 ……………… 80
biànlìdiàn　便利店　コンビニ ………… 24
bú dà　　　　不大　大きくない ………… 11
búdàn　　　　不但　～ばかりでなく …… 62
bú duì　　　不对　違います …………… 11
bú tài　　　不太　あまり～ない ……… 34

bú xiè　　　不谢　どういたしまして … 11
bù　　　　　不　～ない、いいえ ……… 21

C
cài　　　　　菜　料理、野菜 …………… 45
cāntīng　　　餐厅　レストラン ………… 25
cǎn　　　　　惨　惨めである …………… 74
cèsuǒ　　　　厕所　トイレ …………… 30
chā huā　　　插花　お花を生ける、生け花
　　　　　　………………………… 63
chá　　　　　查　調べる ……………… 44
chádào　　　茶道　茶道 ……………… 63
chà wǔ fēn sān diǎn
　　　　　　差五分三点　3時5分前
　　　　　　………………………… 40
chāoshì　　　超市　スーパー …………… 25
cháng　　　　长　長い ………………… 56
Chángyě　　　长野　長野 ……………… 29
chàng gēr　　唱歌儿　歌を歌う ………… 51
chēzhàn　　　车站　駅 ………………… 56
chī　　　　　吃　食べる ……………… 38
chōngshí　　 充实　充実している ……… 73
chūchāi　　　出差　出張する …………… 51
chuáng　　　　床　ベッド ……………… 80
chúle ～ yǐwài　除了～以外　～のほかに
　　　　　　………………………… 62
chūnjià　　　春假　春休み …………… 68
chūntiān　　　春天　春 ………………… 63
cídiǎn　　　　词典　辞典 ……………… 15
cì　　　　　次　～回、～度 …………… 80
cóng　　　　　从　から ………………… 56

D
dǎ　　　　　打　（球技、太極拳などを）
　　　　　　する ……………………… 63
dǎgōng　　　打工　アルバイトをする
　　　　　　………………………… 68

dǎ májiàng	打麻将 マージャンをする ……… 63	duìbuqǐ	对不起 すみません …… 79
dǎsǎo	打扫 掃除する ………… 74	duìmiàn	对面 向い側 ………… 24
dǎsuan	打算 〜するつもりである、〜する予定である ……… 68	duō	多 多い ………… 34 〜余り（数量詞に後置） ……………… 38
dǎ zì	打字 文字を入力する …… 74	duō cháng	多长 どのくらいの長さ ……………… 56
dà	大 大きい ………… 34 年上である ………… 74 （雨、風などが）すごい、凄まじい ………… 79	duō cháng shíjiān	多长时间 どのくらいの時間 ……………… 56
Dàdǎo Xiángtài	大岛翔太 大島翔太 …… 20	duō le	多了 ずっと（形容詞の後に） ……………… 73
dàhòutiān	大后天 明々後日 ……… 39	duō yuǎn	多远 どのくらいの距離 ……………… 63
dàqiántiān	大前天 さきおととい …… 39		
dànshì	但是 しかし ………… 34		**E**
dāng fānyì	当翻译 通訳になる …… 63	è	饿 空腹である ………… 12
dāng lǎoshī	当老师 先生になる …… 63	ēi	欸 ねえ ………… 35
dào	到 〜まで、着く ……… 56	érqiě	而且 そのうえ ………… 62
dào yě shì	倒也是 それはそうですね ……… 57	èr	二 2 ………… 12
de	的 〜の ………… 24	èr yuè	二月 2月 ………… 16
de	得 補語を導く構造助詞 … 73	èr hào	二号 2日 ………… 16
de huà	的话 〜ならば ………… 68	èrshiwǔ hào	二十五号 25日 ………… 16
děi	得 〜しなければならない ……………… 68		**F**
děng	等 待つ ………… 79	fāyīn	发音 発音（する） ……… 35
Dísīní Lèyuán	迪斯尼乐园 ディズニーランド ……… 83	Fǎguórén	法国人 フランス人 …… 21
dìdi	弟弟 弟 ………… 30	fàn	饭 ご飯 ………… 45
diànchē	电车 電車 ………… 51	fāngbiàn	方便 便利である ……… 57
diànnǎo	电脑 パソコン ………… 24	fángjiān	房间 部屋 ………… 25
diànshì	电视 テレビ ………… 63	fàng	放 休みになる ………… 57
diànyǐngr	电影儿 映画 ………… 16	fàng chūnjià	放春假 春休みになる … 57
diànzǐ cídiǎn	电子词典 電子辞書 …… 74	fàng hánjià	放寒假 冬休みになる … 57
diū	丢 失くす ………… 74	fàng shǔjià	放暑假 夏休みになる … 57
dōngtiān	冬天 冬 ………… 63	fēicháng	非常 非常に ………… 35
dōngxi	东西 品物 ………… 50	fēijī	飞机 飛行機 ………… 51
dōu	都 みんな、全部 ……… 38	fēnzhōng	分钟 〜分間 ………… 57
dú shū	读书 読書 ………… 15	fùjìn	附近 付近 ………… 24
duì 〜 bù hǎo	对〜不好 〜によくない ……………… 62	fùmǔ	父母 両親 ………… 80
duì 〜 hěn hǎo	对〜很好 〜によい …… 62		

G

gānjìng	干净 清潔である	35
gàn	干 する、やる	44
gāng	刚 ～したばかり	62
gāo	高 高い	34
gēge	哥哥 兄	11
gēr	歌儿 歌	16
ge	个 ～人、～個	30
gěi	给 あげる、くれる	79
gōnglǐ	公里 キロメートル	59
gōngsī	公司 会社	30
guàibude	怪不得 道理で、～はずだ	63
guǎnggào	广告 広告	80
guàng	逛 見物する、散策する	51
guì	贵 （値段が）高い	35
guò	过 過ごす	68
guò nián	过年 年越しをする	69
guo	过 ～したことがある（動詞に後置する）	74

H

hái	还 まあまあ、まだ	56
	さらに、そのうえ	62
hái kěyǐ	还可以 まあまあである	34
háizi	孩子 子供	11
Hánguórén	韩国人 韓国人	21
hánjià	寒假 冬休み	73
hànbǎobāo	汉堡包 ハンバーガー	51
Hànyǔ	汉语 中国語	35
hǎo	好 よい	50
	元気である	63
	上手である	73
hǎochī	好吃 美味しい	35
hǎoxiàng	好像 まるで～のようだ	29
hē	喝 飲む	69
hē jiǔ	喝酒 お酒を飲む	63
hé	和 ～と	30
hěn	很 とても	34
hěn hǎo	很好 とてもよい	13
hóngchá	红茶 紅茶	69
hóngsè	红色 赤色	63
hòutiān	后天 明後日	39
huángsè	黄色 黄色	63
huār	花儿 花	16
huá xuě	滑雪 スキー（をする）	63
huí	回 '次'と同じ	80
huí jiā	回家 家に帰る	39
huí lǎojiā	回老家 故郷へ帰る	69
huì	会 ～できる	62
huìhuà	会话 会話	34

J

jīfēnkǎ	积分卡 ポイントカード	80
jīběnshang	基本上 いちおう	34
Jíyějiā	吉野家 吉野家	51
jǐ	几 いくつ	30
jǐ diǎn	几点 何時	38
jǐ fēnzhōng	几分钟 何分間	57
jǐ ge xiǎoshí	几个小时 何時間	57
jǐ ge xīngqī	几个星期 何週間	57
jǐ ge yuè	几个月 何ヶ月	57
jǐ jiā	几家 何軒	28
jǐ suì	几岁 何歳	13
jǐ tiān	几天 何日間	57
jiā	家 ～軒、社	24
	家	29
jiàzhào	驾照 運転免許証	68
jiàn	件 ～着	50
jiàndào	见到 会う	44
jiāo	教 教える	35
jiào	叫 姓名は～である	20
jiàoshì	教室 教室	29
jiàowùkē	教务科 教務課	25
jiějie	姐姐 姉	11
jīntiān	今天 今日	39
jìn	近 近い	35
jìn	进 入る	57
jīngcháng	经常 よく、常に	50

jìngyǔ	敬语	敬語	34	láidejí	来得及	間に合う 80
jiǔ	久	長らく	79	láizhe	来着	～していた 44
jiǔ	九	9	16	lánqiú	篮球	バスケットボール 63
jiǔ hào	九号	9日	16	lǎojiā	老家	ふるさと 29
jiǔ yuè	九月	9月	16	lǎoshī	老师	先生 11
jiùshì	就是	ただ	35	le	了	～した 44
juéde	觉得	～と思う	34	lěng	冷	寒い 35
				lí	离	～から、～まで 56
				lǐjiě	理解	理解する 73

K

kāfēi	咖啡	コーヒー	51
kāi chē	开车	車を運転する	51
kāishǐ	开始	始める	62
kāixīn	开心	楽しい	73
kāixué	开学	学校が始まる	57
kàn	看	見る、読む	54
kàn bàozhǐ	看报纸	新聞を読む	45
kàn diànshì	看电视	テレビを見る	45
kàn shū	看书	本を読む	45
kàn diànyǐng	看电影	映画を見る	45
kànwán	看完	読み終わる	74
kàn zázhì	看杂志	雑誌を読む	45
kǎo dàxué	考大学	大学を受験する	69
kělè	可乐	コーラ	11
kěyǐ	可以	～できる	69
kè	课	授業	38
kèběn	课本	教科書	30
Kěndéjī	肯德基	ケンタッキー	51
kòngr	空儿	暇	16
kǒu	口	～人(家族の人数を数える)	30
kùzi	裤子	ズボン	81
kùzi	裤子	ズボン	81
kuài	快	(速度が)速い	74
		速く	79
kuàidì	快递	速達	69
kuài～le	快～了	もうすぐ	80

li	里	～の中に	30
liǎ	俩	二人、二つ	51
liǎng	两	2（量詞に前置）	25
liǎng diǎn (zhōng)	两点（钟）	2時	39
liǎng diǎn bàn	两点半	2時半	39
liǎng diǎn sān kè	两点三刻	2時45分	40
liǎng diǎn sānshí (fēn)	两点三十（分）	2時30分	39
liǎng diǎn shíwǔ (fēn)	两点十五（分）	2時15分	39
liǎng diǎn sìshiwǔ (fēn)	两点四十五（分）	2時45分	40
liǎng diǎn wǔshiwǔ (fēn)	两点五十五（分）	2時55分	40
liǎng diǎn yí kè	两点一刻	2時15分	39
liǎng fēnzhōng	两分钟	2分間	57
liǎng ge bàn xiǎoshí	两个半小时	2時間半	57
liǎng ge xiǎoshí	两个小时	2時間	57
liǎng ge xīngqī	两个星期	2週間	57
liǎng ge yuè	两个月	2ヶ月	57
liǎng nián	两年	2年間	57

L

là	辣	辛い	35
lái	来	来る	44

liǎng tiān	两天　2日間	57
liǎobuqǐ	了不起　すごい、立派である	62
liúxué	留学　留学する	13
liúxuéshēng	留学生　留学生	21
liù	六　6	16
liù diǎn	六点　6時	38
liù yuè	六月　6月	16
liù hào	六号　6日	16
lǚyóu	旅游　旅行する	51

M

māma	妈妈　お母さん	11
ma	吗　〜か	20
mápó dòufu	麻婆豆腐　マーボトウフ	35
mǎi	买　買う	50
mǎi dōngxi	买东西　ショッピングをする	69
Màidāngláo	麦当劳　マクドナルド	51
màn	慢　（速度が）遅い	74
mànhuà	漫画　漫画	63
máng	忙　忙しい	35
méi	没　（'有'などを否定して）〜がない・いない、〜を持っていない	24
méi (yǒu)	没（有）　しなかった、〜していない	44
méi wèntí	没问题　問題ない、ノープロブレム	34
měi (ge) xīngqī	每（个）星期　毎週	39
měi ge xīngqīwǔ	每个星期五　毎週の金曜日	39
Měiguó	美国　アメリカ	69
Měiguórén	美国人　アメリカ人	21
měitiān	每天　毎日	38
mèimei	妹妹　妹	69
mǐ	米　メートル	62
míngnián	明年　来年	68
míngzì	名字　名前	20
míngtiān	明天　明日	39
mànhuà	漫画　漫画	63

N

nán	难　難しい	34
nǎ	哪　どれ・どの	51
nǎge・něige	哪个　どれ・どの	51
nǎge jiàoshì	哪个教室　どの教室	51
nǎ guó rén	哪国人　どの国の人	20
nǎli	哪里　どこ	25
nǎr	哪儿　どこ	25
nǎ tiān	哪天　いつ（の日）か	50
nà	那　それ、あれ	51
	それでは	56
nà běn xiǎoshuō	那本小说　あの小説	51
nàge・nèige	那个　それ、あれ	51
nà zhī māo	那只猫　あの猫	51
nàli	那里　そこ、あそこ	25
nàr	那儿　そこ、あそこ	25
nǎinai	奶奶　おばあさん	11
ne	呢　〜か（疑問詞疑問文の文末に置く）	29
	〜している、（名詞に後置して）は？	44
néng	能　〜できる	62
nǐ	你　あなた	20
nǐ hǎo	你好　こんにちは	10
nǐmen	你们　あなたたち	11
nín	您　あなた（敬語）	21
niúròu gàijiāofàn	牛肉盖浇饭　牛丼	51
nòngdiū	弄丢　失くす	73

O

ǒu	藕　レンコン	13

P

pǎo	跑　走る	74

péngyou	朋友　友だち	53
piányi	便宜　安い	35
piàoliang	漂亮　綺麗である	50
píng	瓶　（瓶詰のものを数える）	79

Q

qī	七　7	16
qī diǎn	七点　7時	38
qī hào	七号　7日	16
qī yuè	七月　7月	16
qí zìxíngchē	骑自行车　自転車に乗る	63
qǐchuáng	起床　起きる	38
qián	钱　お金	30
qiánbāo	钱包　財布	30
qiānbǐ	铅笔　鉛筆	25
qiántiān	前天　一昨日	39
qíngxù bù gāo	情绪不高　ふさぎこんでいる	73
qǐng duō guānzhào	请多关照　どうぞよろしく	20
qīngjiāo ròusī	青椒肉丝　チンジアオロース	35
qǐngwèn	请问　お尋ねします	22
qiūtiān	秋天　秋	63
qù	去　行く	38

R

ràng	让　させる	79
rè	热　熱い	35
rén	人　人、だれか	25
rènzhēn	认真　まじめである	15
Rìběnrén	日本人　日本人	20
rìcháng	日常　日常	34
Rìyǔ	日语　日本語	34
Rì Zhōng	日中　日中	15
róngyì	容易　易しい	35
ròu	肉　肉	63
rúguǒ	如果　もしも	68

S

sān	三　3	16
sān hào	三号　3日	16
sān yuè	三月　3月	16
sānshí hào	三十号　30日	16
sànbù	散步　散歩する	54
Sègǔ	涩谷　渋谷	50
shàng bān	上班　出勤する、仕事が始まる	39
shàng ge xīngqītiān	上个星期天　先週の日曜日	50
shàng kè	上课　授業にでる、授業が始まる	39
shàngyī	上衣　上着	50
shang	上　〜の上に	30
shēntǐ	身体　体	62
shénme	什么　なに、何の	20
shénme shíhou	什么时候　いつ	39
shīrén	诗人　詩人	15
shí	十　10	16
shí'èr yuè	十二月　12月	16
shí hào	十号　10日	16
shíjiān	时间　時間	56
shítáng	食堂　食堂	29
shíyī hào	十一号　11日	16
shíyī yuè	十一月　11月	16
shí yuè	十月　10月	16
shízài	实在　ほんとうに	79
shì	是　である、はい	20
shìde	是的　はい、そうです	20
shǒuzhǐ	手纸　トイレットペーパー	15
shūbāo	书包　カバン	30
shǔjià	暑假　夏休み	68
shuāihuài	摔坏　落として壊す	74
shuí (shéi)	谁　だれ	21
shuǐpíng	水平　レベル	34
shuìjiào	睡觉　寝る	39
shuō	说　話す、しゃべる	51
shuō Hànyǔ	说汉语　中国語を話す	63

shuō Yīngyǔ	说英语	英語を話す ……… 63		wūlóngchá	乌龙茶	ウーロン茶 ……… 63
shǒujī	手机	携帯電話 …………… 25		wǔ	五	5 …………………… 12
sì	四	4 …………………… 16		wǔfàn	午饭	昼ごはん …………… 39
sìhào	四号	4日 ………………… 16		wǔ hào	五号	5日 ………………… 16
sìyuè	四月	4月 ………………… 16		wǔqiān	五千	5千 ………………… 62
suàn	算	〜といえる ………… 57		wǔshù	武术	武術 ………………… 63
Sūn Xiǎomíng	孙晓明	孫暁明 ……………… 20		wǔ yuè	五月	5月 ………………… 16

T

X

tā	他	彼 …………………… 21
tā	她	彼女 ………………… 21
tā	它	それ（人間以外の事物）
		……………………… 21
tái	台	〜台 ………………… 24
tài 〜 le	太〜了	〜すぎる ………… 35
tàijíquán	太极拳	太極拳 …………… 63
tāmen	他们	彼ら ………………… 21
		（人名に後置して）〜たち
		……………………… 29
tāmen	她们	彼女たち …………… 21
tāmen	它们	それら ……………… 21
tàng	趟	往復の回数を数える … 79
tèbié	特别	特に ………………… 35
tiáo	条	〜本 ………………… 50
tiàowǔ	跳舞	ダンスをする ……… 51
túshūguǎn	图书馆	図書館 ……………… 25

xī yān	吸烟	タバコを吸う ……… 63
xǐhuan	喜欢	好きである ………… 63
xià bān	下班	出勤する
		仕事が始まる ……… 39
xià kè	下课	授業が終わる ……… 39
xiàtiān	夏天	夏 …………………… 63
xián	咸	塩辛い ……………… 35
xiànzài	现在	今、現在 …………… 29
xiāngdāng	相当	かなり ……………… 35
xiǎng	想	〜したい …………… 68
xiàngliàn	项链	ネックレス ………… 50
xiàngpí	橡皮	消しゴム …………… 25
xiǎo	小	年下である ………… 74
xiǎoháir	小孩儿	子供 ………………… 16
Xiǎo Sūn	小孙	孫さん ……………… 49
Xiǎo Zhāng	小张	張さん ……………… 37
xiào	笑	笑う ………………… 51
xiàoménkǒu	校门口	学校の出入口 …… 24
xiě	写	書く ………………… 44
xiě lùnwén	写论文	論文を書く
		……………………… 45
xiě máobǐzì	写毛笔字	習字をする … 45
xiěwán	写完	書き終わる ………… 74
xiě xìn	写信	手紙を書く ………… 45
xiě zuòyè	写作业	宿題をする ……… 45
xièxie	谢谢	ありがとう ………… 11
xìn	信	手紙 ………………… 45
xīnqíng	心情	気持ち ……………… 73
xìnyòngkǎ	信用卡	クレジットカード
		……………………… 80
Xīngbākè	星巴克	スターバックス
		……………………… 51

W

wàibì	外币	外貨 ………………… 13
wǎnfàn	晚饭	晩ごはん …………… 39
wánr	玩儿	遊ぶ ………………… 16
wánr yóuxì	玩儿游戏	ゲームをやる
		……………………… 63
wàngjì	忘记	忘れる ……………… 74
wéi	喂	もしもし、おい ……… 29
wèidao	味道	味 …………………… 35
wèishénme	为什么	なぜ、どうして
		……………………… 68
wèile	为了	〜のために ………… 68
wǒ	我	私 …………………… 10
wǒmen	我们	私たち ……………… 21

xīngqī'èr	星期二 火曜日	…………	39
xīngqījǐ	星期几 何曜日	…………	39
xīngqīliù	星期六 土曜日	…………	39
xīngqīsān	星期三 水曜日	…………	39
xīngqīsì	星期四 木曜日	…………	39
xīngqītiān	星期天 日曜日	…………	39
xīngqīwǔ	星期五 金曜日	…………	39
xīngqīyī	星期一 月曜日	…………	39
xìng	姓 姓は〜である	…………	20
xiōngdì jiěmèi	兄弟姐妹 兄弟姉妹	……	30
xiūxi	休息 休む	…………	54
xūyào	需要 かかる …………		56
xué	学 習う、勉強する	………	39
xuésheng	学生 学生	…………	21
xuéxiào	学校 学校	…………	38

Y

yánjiūshì	研究室 研究室	…………	30
yǎnjìng	眼镜 眼鏡	…………	30
yào	要 〜しなければならない …………		56
yéye	爷爷 おじいさん	…………	11
yě	也 〜も	…………	29
yī	一 1	…………	12
yī yuè	一月 1月	…………	16
yí ge duō xiǎoshí	一个多小时 1時間余り …………		56
yí ge shàngwǔ	一个上午 午前中いっぱい …………		57
yí ge xiǎoshí	一个小时 1時間	…………	57
yí ge xīngqī	一个星期 1週間	…………	57
yí ge yuè	一个月 1ヶ月	…………	57
yí ge wǎnshang	一个晚上 一晩中	…………	57
yī hào	一号 1日	…………	16
yíkuàir	一块儿 一緒に	…………	16
yí kuài	一块 1つ、1元	…………	25
yí xià	一下 一度、ちょっと	………	54
yǐhòu	以后 これから	…………	35
yǐjīng	已经 すでに	…………	47

yǐqián	以前 以前	…………	73
yì bǎi	一百 百	…………	11
yìbān	一般 普段	…………	38
yìdiǎnr	一点儿 少し	…………	16
yì diǎn líng wǔ (fēn)	一点零五（分） 1時5分過ぎ …………		39
yì diǎn(zhōng)	一点（钟） 1時	…………	39
yì fēnzhōng	一分钟 1分間	…………	57
yì nián	一年 1年間	…………	57
yìqǐ	一起 一緒に	…………	51
yì qiān	一千 千	…………	11
yì tiān	一天 1日間	…………	57
yí wàn	一万 1万	…………	11
yì zhī	一支 1本（の）	…………	25
yìzhí	一直 ずっと	…………	44
yīnwèi	因为 〜からである	………	49
yīnyuè	音乐 音楽	…………	14
yínháng	银行 銀行	…………	25
yǐnliào	饮料 飲み物	…………	79
Yīngguórén	英国人 イギリス人	………	21
Yīngyǔ	英语 英語	…………	14
yǐngdié	影碟 DVD	…………	63
yòng diànnǎo	用电脑 パソコンを使う …………		63
yōu	哟 おや、あら	…………	73
yóu	游 泳ぐ	…………	62
yóujú	邮局 郵便局	…………	24
yóuyǒng	游泳 泳ぐ、水泳	…………	62
yǒu	有 〜がある、いる、〜を持っている	…………	24
yǒudiǎnr	有点儿 少し	…………	35
yòu〜yòu〜	又〜又〜 〜でもあり、〜でもある …………		50
yú	鱼 魚	…………	12
yǔ	雨 雨	…………	79
yǔsǎn	雨伞 雨傘	…………	79
yuánzhūbǐ	圆珠笔 ボールペン	………	25
yuǎn	远 遠い	…………	35
yuànwàng	愿望 願望、願い	………	14

Yuènánrén	越南人 ベトナム人	21
yuèpiào	月票 定期券	13
yùndòng	运动 スポーツ	63

Z

zázhì	杂志 雑誌	45
zài	在 〜にある・いる	29
	〜で	38
	〜している	44
zàijiàn	再见 さようなら、また会おう	10
zánmen	咱们 （相手を含む）私たち	21
zǎofàn	早饭 朝ごはん	38
zǎoshang	早上 朝	38
zěnme	怎么 どのように	68
zěnmeyàng	怎么样 どうですか	35
zhájī	炸鸡 フライドチキン	51
zhànqián	站前 駅前	68
zhāng	张 〜枚（紙類・カード・ベッド・机など平面のものを数える）	80
zhāo rén	招人 人を募集する	68
zhǎo gōngzuò	找工作 仕事を探す 就職活動をする	68
zhè	这 これ	50
zhège・zhèige	这个 これ、この	51
zhèli	这里 ここ	25
zhème	这么 こんなに、このように	63
zhēn	真 本当に	35
zhèngzài	正在 ちょうど〜している	44
zhèr	这儿 ここ	25
zhè zhāng chuáng	这张床 このベッド	51
zhī	枝 〜本	80
zhǐ	只 ただ、〜だけ	56
Zhōngguórén	中国人 中国人	20
zhùcí	助词 助詞	34
zhuōzi	桌子 机	30
zīliào	资料 資料	44
zìdiǎn	字典 字引き	15
zìxíngchē	自行车 自転車	63
zǒu	走 歩く	56
	行く、出かける	79
zuìjìn	最近 最近	44
zuótiān	昨天 昨日	39
zuǒyòu	左右 ぐらい	38
zuò	坐 乗る、座る	51
zuò cài	做菜 料理を作る	45
zuò fàn	做饭 ごはんを作る	45
zuò gōngzuò	做工作 働く、働きかける	44
zuò shì	做事 事を処理する、仕事をする	44

語彙リスト（日本語から調べる）

あ

日本語	ピンイン	中国語	ページ
会う	jiàndào	见到	44
赤色	hóngsè	红色	63
秋	qiūtiān	秋天	63
あげる	gěi	给	79
朝	zǎoshang	早上	38
朝ごはん	zǎofàn	早饭	38
明後日	hòutiān	后天	39
明日	míngtiān	明天	39
味	wèidao	味道	35
あそこ	nàli	那里	25
あそこ	nàr	那儿	25
遊ぶ	wánr	玩儿	16
熱い	rè	热	35
あなた	nǐ	你	20
あなた	nín	您（敬語）	21
あなたたち	nǐmen	你们	12
兄	gēge	哥哥	11
姉	jiějie	姐姐	11
あの猫	nà zhī māo	那只猫	51
あの小説	nà běn xiǎoshuō	那本小说	51
～余り	duō	多（数量詞に後置）	38
あまり～ない	bú tài	不太	34
雨傘	yǔsǎn	雨伞	79
雨	yǔ	雨	79
アメリカ	Měiguó	美国	69
アメリカ人	Měiguórén	美国人	21
あら	yōu	哟	73
ありがとう	xièxie	谢谢	11
歩く	zǒu	走	56
アルバイトをする	dǎgōng	打工	68
あれ	nà	那	51
あれ	nàge・nèige	那个	51

い

日本語	ピンイン	中国語	ページ
いいえ	bù	不	21
家	jiā	家	29
家に帰る	huí jiā	回家	39
イギリス人	Yīngguórén	英国人	21
行く	qù	去	38
行く	zǒu	走	79
いくつ	jǐ	几	30
生け花をする	chā huā	插花	63
以前	yǐqián	以前	73
忙しい	máng	忙	35
1	yī	一	12
いちおう	jīběnshang	基本上	34
1月	yī yuè	一月	16
1元	yíkuài	一块	25
1時	yì diǎn (zhōng)	一点（钟）	39
1時間	yí ge xiǎoshí	一个小时	57
1時間余り	yí ge duō xiǎoshí	一个多小时	57
1時5分過ぎ	yì diǎn líng wǔ (fēn)	一点零五（分）	39
1万	yí wàn	一万	11
いつ	shénme shíhou	什么时候	39
いつ（の日）か	nǎ tiān	哪天	50
5日	wǔ hào	五号	16
1ヶ月	yí ge yuè	一个月	57
一緒に	yìqǐ	一起	51
一緒に	yíkuàir	一块儿	16
一度	yíxià	一下	34
1年間	yì nián	一年	57
1日間	yì tiān	一天	57
1週間	yí ge xīngqī	一个星期	57
1分間	yì fēnzhōng	一分钟	57

日本語	ピンイン	中国語	ページ
1本（の）	yì zhī	一支	25
今	xiànzài	现在	29
妹	mèimei	妹妹	69

う

日本語	ピンイン	中国語	ページ
ウーロン茶	wūlóngchá	乌龙茶	63
歌	gēr	歌儿	16
歌を歌う	chàng gēr	唱歌儿	51
運転免許証	jiàzhào	驾照	68
上着	shàngyī	上衣	50

え

日本語	ピンイン	中国語	ページ
映画	diànyǐngr	电影儿	16
映画を見る	kàn diànyǐng	看电影	45
英語	Yīngyǔ	英语	14
英語を話す	shuō Yīngyǔ	说英语	63
駅	chēzhàn	车站	56
駅前	zhànqián	站前	68
鉛筆	qiānbǐ	铅笔	25

お

日本語	ピンイン	中国語	ページ
おい	wéi	喂	29
美味しい	hǎochī	好吃	35
お母さん	māma	妈妈	11
多い	duō	多	34
大きい	dà	大	34
大きくない	bú dà	不大	11
大島 翔太	Dàdǎo Xiángtài	大岛 翔太	20
お金	qián	钱	30
起きる	qǐchuáng	起床	38
教える	jiāo	教	35
おじいさん	yéye	爷爷	11
お尋ねします	qǐngwèn	请问	22
（速度が）遅い	màn	慢	74
落として壊す	shuāihuài	摔坏	74
お父さん	bàba	爸爸	11
弟	dìdi	弟弟	30
一昨日	qiántiān	前天	39
おばあさん	nǎinai	奶奶	11
おばさん	āyí	阿姨	12
おや	yōu	哟	73
泳ぐ	yóu	游	62
音楽	yīnyuè	音乐	14

か

日本語	ピンイン	中国語	ページ
〜か	ma	吗	20
〜か	ne	呢（疑問詞疑問文の文末に置く）	29
回	huí	〜回	80
外貨	wàibì	外币	13
会社	gōngsī	公司	30
会話	huìhuà	会话	34
買う	mǎi	买	50
かかる	xūyào	需要	56
書き終わる	xiěwán	写完	74
書く	xiě	写	44
学生	xuésheng	学生	21
〜がある・いる	yǒu	有	24
〜がない・いない	méi	没有	21
学校	xuéxiào	学校	38
学校が始まる	kāixué	开学	57
学校の出入口	xiàoménkǒu	校门口	24
悲しい	bēi'āi	悲哀	13
かなり	xiāngdāng	相当	35
彼女	tā	她	21
彼女たち	tāmen	她们	21
カバン	shūbāo	书包	30
〜から	cóng	从	56
〜から	lí	离	56
辛い	là	辣	35
体	shēntǐ	身体	62
〜からである	yīnwèi	因为	49
彼	tā	他	21
彼ら	tāmen	他们	21
火曜日	xīngqīèr	星期二	39
可愛がる	ài	爱	13
韓国人	Hánguórén	韩国人	21
願望、願い	yuànwàng	愿望	14

き

黄色	huángsè	黄色	63
昨日	zuótiān	昨天	39
気持ち	xīnqíng	心情	73
9	jiǔ	九	16
牛丼	niúròu gàijiāofàn 牛肉盖浇饭		51
今日	jīntiān	今天	39
教科書	kèběn	课本	30
教室	jiàoshì	教室	29
兄弟姉妹	xiōngdì jiěmèi 兄弟姐妹		30
教務課	jiàowùkē	教务科	25
綺麗である	piàoliang	漂亮	50
金曜日	xīngqīwǔ	星期五	39
キロメートル	gōnglǐ	公里	59
銀行	yínháng	银行	25

く

薬を煎じる	áo yào	熬药	13
空腹である	è	饿	12
9月	jiǔ yuè	九月	16
ぐらい	zuǒyòu	左右	38
クレジットカード	xìnyòngkǎ	信用卡	80
くれる	gěi	给	79
来る	lái	来	44
車を運転する	kāi chē	开车	51

け

敬語	jìngyǔ	敬语	34
携帯電話	shǒujī	手机	25
消しゴム	xiàngpí	橡皮	25
月曜日	xīngqīyī	星期一	39
軒	jiā	家	24
元気である	hǎo	好	63
研究室	yánjiūshì	研究室	30
ケンタッキー	Kěndéjī	肯德基	51
見物する	guàng	逛	51
ゲームをやる	wánr yóuxì	玩儿游戏	63
現在	xiànzài	现在	29

こ

〜個	ge	个	30
広告	guǎnggào	广告	80
紅茶	hóngchá	红茶	69
コーヒー	kāfēi	咖啡	51
コーラ	kělè	可乐	11
故郷へ帰る	huí lǎojiā	回老家	69
ここ	zhèr	这儿	25
子供	háizi	孩子	11
9日	jiǔ hào	九号	16
午前中いっぱい	yí ge shàngwǔ 一个上午		57
この	zhège・zhèige	这个	51
このベッド	zhè zhāng chuáng 这张床		51
これから	yǐhòu	以后	35
これ	zhè	这	50
これ	zhège・zhèige	这个	51
こんなに、このように	zhème	这么	63
コンビニ	biànlìdiàn	便利店	24
こんにちは	nǐ hǎo	你好	10
5	wǔ	五	12
5月	wǔ yuè	五月	16
ごはんを作る	zuò fàn	做饭	45
5千	wǔ qiān	五千	62

さ

財布	qiánbāo	钱包	30
最近	zuìjìn	最近	44
魚	yú	鱼	12
さきおととい	dàqiántiān	大前天	39
酒を飲む	hē jiǔ	喝酒	63
させる	ràng	让	79
冊	běn	本	80
雑誌を読む	kàn zázhì	看杂志	45
茶道	chádào	茶道	63
寒い	lěng	冷	35
さらに	hái	还	62

日本語	ピンイン 中国語	ページ
される	bèi 被（受身の文で行為者を導く）	74
さようなら	zàijiàn 再见	10
3	sān 三	16
3月	sān yuè 三月	16
散策する	guàng 逛	51
3時5分前	chà wǔ fēn sān diǎn 差五分三点	40
30日	sānshí hào 三十号	16
30分間	bàn ge xiǎoshí 半个小时	57
散歩する	sànbù 散步	54

し

四	sì 四	16
試合	bǐsài 比赛	80
明々後日	dàhòutiān 大后天	39
塩辛い	xián 咸	35
しかし	dànshì 但是	34
時間	shíjiān 时间	56
四月	sìyuè 四月	16
仕事が始まる	shàng bān 上班	39
仕事が終わる	xià bān 下班	39
仕事を探す	zhǎo gōngzuò 找工作	68
辞典	cídiǎn 词典	15
詩人	shīrén 诗人	15
～した	le 了	44
～したい	xiǎng 想	68
～したことがある	guo 过 動詞に後置する	74
～したばかり	gāng 刚	62
7	qī 七	16
7月	qī yuè 七月	16
7時	qī diǎn 七点	38
～していた	láizhe 来着	44
～していない	méi 没有	44
～している	zài 在	44
～している	ne 呢（名詞に後置して）	44
自転車に乗る	qí zìxíngchē 骑自行车	63
～しなかった	méi 没有	44
～しなければならない	yào 要	56
～しなければならない	děi 得	68
品物	dōngxi 东西	50
渋谷	Sègǔ 涩谷	50
社	jiā 家	24
宿題をする	xiě zuòyè 写作业	45
習字をする	xiě máobǐzì 写毛笔字	45
出勤する	xià bān 下班	39
10	shí 十	16
11日	shíyī hào 十一号	16
11月	shíyī yuè 十一月	16
10月	shí yuè 十月	16
12月	shí'èr yuè 十二月	16
授業	kè 课	38
授業が終わる	xià kè 下课	39
授業が始まる	shàng kè 上课	39
授業にでる	shàng kè 上课	39
充実している	chōngshí 充实	73
就職活動をする	zhǎo gōngzuò 找工作	68
出勤する	shàng bān 上班	39
出張する	chūchāi 出差	51
～しよう	ba 吧（提案・推測の語気を表す）	51
助詞	zhùcí 助词	34
食堂	shítáng 食堂	29
ショッピングをする	mǎi dōngxi 买东西	69
上手である	hǎo 好	73
調べる	chá 查	44
資料	zīliào 资料	44
新聞を読む	kàn bàozhǐ 看报纸	45

す

水泳	yóuyǒng	游泳	62
水曜日	xīngqīsān	星期三	39
スーパー	chāoshì	超市	25
好きである	ài	爱	13
好きである	xǐhuan	喜欢	63
スキー（をする）	huáxuě	滑雪	63
〜すぎる	tài 〜 le	太〜了	35
少し	yìdiǎnr	一点儿	16
少し	yǒudiǎnr	有点儿	35
すごい	liǎobuqǐ	了不起	62
すごい	dà	大（雨、風などが）	79
過ごす	guò	过	68
スターバックス	Xīngbākè	星巴克	51
すでに	yǐjīng	已经	47
スポーツ	yùndòng	运动	63
ズボン	kùzi	裤子	81
すみません	duìbuqǐ	对不起	79
する	dǎ	打（球技、太極拳などを）	63
する、やる	gàn	干	44
座る	zuò	坐	44
ずっと	yìzhí	一直	44
ずっと	duō le	多了（形容詞の後に置く）	73

せ

清潔である	gānjìng	干净	35
姓は〜である	xìng	姓	20
姓名は〜である	jiào	叫	20
千	yì qiān	一千	11
先生	lǎoshī	老师	11
先生になる	dāng lǎoshī	当老师	63
全部	dōu	都	38
先週の日曜日	shàng ge xīngqītiān	上个星期天	50

そ

そうです	shìde	是的	20
掃除する	dǎsǎo	打扫	74
速達	kuàidì	快递	69
そこ	nàli	那里	25
そこ	nàr	那儿	25
そのうえ	érqiě	而且	62
そのうえ	hái	还	62
その（＋動物名）	tā	它	21
それ	nà	那	51
それ	nàge・nèige	那个	51
それでは	nà	那	56
それはそうですね	dào yě shì	倒也是	57
それら	tāmen	它们	21
孫暁明	Sūn Xiǎomíng	孙晓明	20
孫さん	Xiǎo Sūn	小孙	49

た

台	tái	〜台	24
太極拳	tàijíquán	太极拳	63
高い	gāo	高（山、建物などが）	34
高い	guì	贵（値段が）	35
ただ、〜だけ	zhǐ	只	56
ただ…	jiùshì	就是	35
〜たち	tāmen	他们（人名の後に置き）	21
楽しい	kāixīn	开心	73
タバコを吸う	xī yān	吸烟	63
食べる	chī	吃	38
大学を受験する	kǎo dàxué	考大学	69
だれ	shuí (shéi)	谁	21
だれか	rén	人	25
ダンスをする	tiàowǔ	跳舞	51

ち

近い	jìn	近	35
違います	bú duì	不对	11
〜着	jiàn	件	50
中国語	Hànyǔ	汉语	35
中国語を話す	shuō Hànyǔ	说汉语	63
中国人	Zhōngguórén	中国人	20
張さん	Xiǎo Zhāng	小张	37

日本語	ピンイン	中国語	ページ
チンジアオロース	qīngjiāo ròusī	青椒肉丝	35
ちょっと	yí xià	一下	54
ちょうど〜している	zhèngzài	正在	44

つ

日本語	ピンイン	中国語	ページ
1日	yī hào	一号	16
通訳になる	dāng fānyì	当翻译	63
着く	dào	到	56
机	zhuōzi	桌子	30
常に	jīngcháng	经常	50
〜つもりである	dǎsuan	打算	68

て

日本語	ピンイン	中国語	ページ
定期券	yuèpiào	月票	13
手紙を書く	xiě xìn	写信	45
テレビ	diànshì	电视	63
テレビを見る	kàn diànshì	看电视	45
〜で	zài	在	38
である	shì	是	20
DVD	yǐngdié	影碟	63
ディズニーランド	Dísīní Lèyuán	迪斯尼乐园	83
でかける	zǒu	走	79
〜できる	huì	会	62
〜できる	kěyǐ	可以	69
〜できる	néng	能	62
〜でもあり、〜でもある	yòu〜yòu〜	又〜又〜	50
電子辞書	diànzǐ cídiǎn	电子词典	74
電車	diànchē	电车	51

と

日本語	ピンイン	中国語	ページ
〜と	hé	和	30
〜といえる	suàn	算	57
トイレットペーパー	shǒuzhǐ	手纸	15
10日	shí hào	十号	16
遠い	yuǎn	远	35
〜と思う	juéde	觉得	34
特に	tèbié	特别	35
年上である	dà	大	74
年越しをする	guò nián	过年	69
年下である	xiǎo	小	74
図書館	túshūguǎn	图书馆	25
とても	hěn	很	34
とてもよい	hěn hǎo	很好	11
〜度	tàng 趟 往復の回数を数える		79
〜度	cì	次	80
どういたしまして	bú xiè	不谢	11
どうして	wèishénme	为什么	68
どうぞよろしく	qǐng duō guānzhào	请多关照	20
どうですか	zěnmeyàng	怎么样	35
道理で	guàibude	怪不得	63
読書	dú shū	读书	15
どこ	nǎli	哪里	25
どこ	nǎr	哪儿	25
どの	nǎ	哪	51
どの	nǎge・něige	哪个	51
どの教室	nǎge jiàoshì	哪个教室	51
どの国の人	nǎ guó rén	哪国人	20
どのくらいの距離	duō yuǎn	多远	63
どのくらいの時間	duō cháng shíjiān	多长时间	56
どのくらいの長さ	duō cháng	多长	56
どのように	zěnme	怎么	68
友だち	péngyou	朋友	53
どれ	nǎ	哪	51
どれ	nǎge・něige	哪个	51
土曜日	xīngqīliù	星期六	39

な

日本語	ピンイン	中国語	ページ
～ない	bù	不	21
長い	cháng	长	56
長野	Chángyě	长野	29
失くす	diū	丢	74
なぜ	wèishénme	为什么	68
夏	xiàtiān	夏天	63
夏休み	shǔjià	暑假	68
夏休みになる	fàng shǔjià	放暑假	57
7	qī	七	16
名前	míngzì	名字	20
～ならば	de huà	的话	68
何分間	jǐ fēnzhōng	几分钟	57
何時間	jǐ ge xiǎoshí	几个小时	57
何週間	jǐ ge xīngqī	几个星	57
何ヶ月	jǐ ge yuè	几个月	57
何軒	jǐ jiā	几家	28
何歳	jǐ suì	几岁	13
何日間	jǐ tiān	几天	57
何時	jǐdiǎn	几点	38
何曜日	xīngqījǐ	星期几	39
長らく	jiǔ	久	79
なに	shénme	什么	20
何の	shénme	什么	20
7日	qī hào	七号	16
習う	xué	学	39

に

2	èr	二	12
2	liǎng	两（量詞に前置）	25
～にある・いる	zài	在	29
2ヶ月	liǎng ge yuè	两个月	57
2月	èryuè	二月	16
肉	ròu	肉	63
2時	liǎng diǎn (zhōng)	两点(钟)	39
2時間	liǎng ge xiǎoshí	两个小时	57
2時間半	liǎng ge bàn xiǎoshí 两个半小时		57
2時55分	liǎng diǎn wǔshiwǔ (fēn) 两点五十五（分）		40
2時15分	liǎng diǎn shíwǔ (fēn) 两点十五（分）		40
2時15分	liǎng diǎn yí kè 两点一刻		39
2時半	liǎng diǎn bàn 两点半		40
2時半	liǎng diǎn sānshí (fēn) 两点三十（分）		40
2時45分	liǎng diǎn sān kè 两点三刻		40
2時45分	liǎng diǎn sìshiwǔ (fēn) 两点四十五（分）		40
2週間	liǎng ge xīngqī 两个星期		57
25日	èrshiwǔ hào 二十五号		16
日常	rìcháng	日常	34
日曜日	xīngqītiān	星期天	39
日中	Rì Zhōng	日中	15
2年間	liǎng nián	两年	57
2分間	liǎng fēnzhōng	两分钟	57
日本人	Rìběnrén	日本人	20
日本語	Rìyǔ	日语	34
～によい	duì ～ hěn hǎo 对～很好		62
～によくない	duì ～ bù hǎo 对～不好		62
～人	kǒu	口（家族の人数を数える）	30
～人	ge	个	30

ね

ねえ	ēi	欸	35
ネックレス	xiàngliàn	项链	50
寝る	shuìjiào	睡觉	39

の

| の | de | 的 | 24 |

日本語	ピンイン	中国語	ページ
〜の上に	shang	上	30
〜のために	wèile	为了	68
〜の中に	li	里	30
ノープロブレム	méi wèntí	没问题	34
〜のほかに	chú le 〜 yǐwài	除了〜以外	62
飲み物	yǐnliào	饮料	79
飲む	hē	喝	69
乗る（電車など）	zuò	坐	51
（自転車など）	qí	骑	63

は

日本語	ピンイン	中国語	ページ
〜は？	ne	呢（名詞の後に置き）	44
はい	shìde	是的	20
はい	shì	是	20
入る	jìn	进	57
〜ばかりでなく	búdàn	不但	62
走る	pǎo	跑	74
始める	kāishǐ	开始	62
働く、働きかける	zuò gōngzuò	做工作	44
8	bā	八	16
8月	bā yuè	八月	16
発音（する）	fāyīn	发音	35
花	huār	花儿	16
話す	shuō	说	51
花を生ける	chāhuā	插花	63
（速度が）速い	kuài	快	74
速く	kuài	快	79
春	chūntiān	春天	63
春休み	chūnjià	春假	68
春休みになる	fàng chūnjià	放春假	57
半	bàn	半	38
ハンバーガー	hànbǎobāo	汉堡包	51
パソコン	diànnǎo	电脑	24
パソコンを使う	yòng diànnǎo	用电脑	63
バスケットボール	lánqiú	篮球	63
晩ごはん	wǎn fàn	晚饭	39

ひ

日本語	ピンイン	中国語	ページ
飛行機	fēijī	飞机	51
非常に	fēicháng	非常	35
人	rén	人	25
1つ	yí kuài	一块（塊状ものを数える）	25
一晩中	yí ge wǎnshang	一个晚上	57
暇	kòngr	空儿	16
昼ごはん	wǔfàn	午饭	39
百	yì bǎi	一百	11

ふ

日本語	ピンイン	中国語	ページ
付近	fùjìn	附近	24
ふさぎこんでいる	qíngxù bù gāo	情绪不高	73
普段	yìbān	一般	38
二つ	liǎ	俩	51
2日	èrhào	二号	16
2日間	liǎng tiān	两天	57
人を募集する	zhāo rén	招人	68
冬	dōngtiān	冬天	63
冬休み	hánjià	寒假	73
冬休みになる	fàng hánjià	放寒假	57
フライドチキン	zhájī	炸鸡	51
フランス人	Fǎguórén	法国人	21
ふるさと	lǎojiā	老家	29
〜分間	fēnzhōng	分钟	57
武術	wǔshù	武术	63

へ

日本語	ピンイン	中国語	ページ
北京ダック	Běijīng Kǎoyā	北京烤鸭	80
勉強する	xué	学	39
部屋	fángjiān	房间	25
便利である	fāngbiàn	方便	57
ベッド	chuáng	床	80
ベトナム人	Yuènánrén	越南人	21

ほ

〜本	tiáo	条	50
〜本	bǎ	把	
		（傘・包丁などを数える）	79
〜本	zhī	枝	86
本を読む	kàn shū	看书	45
ほんとうに	shízài	实在	79
本当に	zhēn	真	35
ポイントカード	jīfēnkǎ	积分卡	80
ボールペン	yuánzhūbǐ	圆珠笔	25

ま

まあまあ	hái	还	56
まあまあである	hái kěyǐ	还可以	34
〜枚	zhāng	张	
		（紙類・カード・ベッド・机など平面のものを数える）	80
毎日	měitiān	每天	28
毎週	měi (ge) xīngqī	每(个)星期	39
毎週の金曜日	měi ge xīngqīwǔ	每个星期五	39
マージャンをする	dǎ májiàng	打麻将	63
マーボトウフ	mápó dòufu	麻婆豆腐	35
マクドナルド	Màidāngláo	麦当劳	51
まじめである	rènzhēn	认真	15
また会おう	zàijiàn	再见	10
まだ	hái	还	56
待つ	děng	等	79
〜まで	dào	到	56
〜まで	lí	离	56
間に合う	láidejí	来得及	80
まるで〜のようだ	hǎoxiàng	好像	29
漫画	mànhuà	漫画	63

み

惨めである	cǎn	惨	74
3日	sān hào	三号	16
見る	kàn	看	54
みんな	dōu	都	38

む

6日	liù hào	六号	16
向い側	duìmiàn	对面	24
難しい	nán	难	34

め

メートル	mǐ	米	62
眼鏡	yǎnjìng	眼镜	30
メロン	Báilánguā	白兰瓜	63

も

もうすぐ	kuài 〜 le	快〜了	80
文字を入力する	dǎ zì	打字	74
問題ない	méi wèntí	没问题	34
もしも	rúguǒ	如果	68
もしもし	wéi(wèi)	喂	29
も	yě	也	29
木曜日	xīngqīsì	星期四	39

や

野球	bàngqiú	棒球	79
易しい	róngyì	容易	35
安い	piányi	便宜	35
休む	xiūxi	休息	54

ゆ

| 友人 | péngyou | 朋友 | 53 |
| 郵便局 | yóujú | 邮局 | 24 |

よ

よい	hǎo	好	50
8日	bā hào	八号	16
よく	jīngcháng	经常	50
吉野家	Jíyějiā	吉野家	51
4日	sìhào	四号	16
〜予定である	dǎsuan	打算	68

日本語	ピンイン 中文	ページ
読み終わる	kànwán 看完	74
より	bǐ 比	73

ら
来年	míngnián 明年	68
られる	bèi 被（受身の文で行為者を導く）	74

り
理解する	lǐjiě 理解	73
旅行する	lǚyóu 旅游	51
立派である	liǎobuqǐ 了不起	62
留学する	liúxué 留学	13
留学生	liúxuéshēng 留学生	21
両親	fùmǔ 父母	80
料理を作る	zuò cài 做菜	45

れ
レストラン	cāntīng 餐厅	25
レベル	shuǐpíng 水平	34
レポート	bàogào 报告	44
レンコン	ǒu 藕	13

ろ
6	liù 六	16
6月	liù yuè 六月	16
6時	liù diǎn 六点	38
論文を書く	xiě lùnwén 写论文	45

わ
忘れる	wàngjì 忘记	74
私	wǒ 我	10
私たち	wǒmen 我们	21
私たち	zánmen 咱们（相手を含む）	21
笑う	xiào 笑	51
わりと	bǐjiào 比较	35

を
～を	bǎ 把	73
～を持っていない	méi 没	24

新装版　hikaru 中国語力（CD付）

立正大学名誉教授　矢野　光治
大東文化大学
二松学舎大学　　　劉　　力　著
非常勤講師
立正大学
非常勤講師　　　　翠川　信人

2013. 4. 10　初版発行
2018. 4. 1　新装版初版発行

発行者　井田洋二

〒101-0062　東京都千代田区神田駿河台３の７
電話　東京03(3291)1676　FAX 03(3291)1675
発行所　振替　00190-3-56669番
E-mail : edit@e-surugadai.com
URL : http://www.e-surugadai.com

株式会社　駿河台出版社

ISBN978-4-411-03118-1　C0087　¥2300E
㈱フォレスト